●シリーズ●
世界の社会学・日本の社会学

Okui Fukutaro

奥井 復太郎

―都市社会学と生活論の創始者―

藤田弘夫 著

東信堂

「シリーズ世界の社会学・日本の社会学」（全50巻）の刊行にあたって

ここにこれまでの東西の社会学者の中から50人を選択し、「シリーズ世界の社会学・日本の社会学」として、その理論を解説、論評する叢書を企画、刊行することとなりました。このような大がかりな構想は、わが国の社会学界では稀有なものであり、一つの大きな挑戦であります。

この企画は、監修者がとりあげるべき代表的な社会学者・社会学理論を列挙し、7名の企画協力者がそれを慎重に合議検討して選別・追加した結果、日本以外の各国から35巻、日本のすでに物故された方々の中から15巻にまとめられる社会学者たちを選定することによって始まりました。さらに各巻の執筆者を、それぞれのテーマに関して最適任の現役社会学者を慎重に検討して選び、ご執筆を承諾していただくことによって実現したものです。

各巻の内容は、それぞれの社会学者の人と業績、理論、方法、キー概念の正確な解説、そしてその今日的意味、諸影響の分析などで、それを簡潔かつ興味深く叙述することにしています。形態はハンディな入門書であり、読者対象はおもに大学生、大学院生、若い研究者においていますが、質的には専門家の評価にも十分に耐えうる、高いレベルとなっています。それぞれの社会学者の社会学説、時代背景などの紹介・解説は今後のスタンダードとなるべきものをめざしました。また、わが国の15名の社会学者の仕事の解説を通しては、わが国の社会学の研究内容の深さと特殊性がえがきだされることにもなるでしょう。そのために、各執筆者は責任執筆で、叙述の方法は一定の形式にとらわれず、各巻自由に構成してもらいましたが、あわせて監修者、企画協力者の複数によるサポートもおこない、万全を期しております。

このシリーズが一人でも多くの方々によって活用されるよう期待し、同時に、このシリーズが斯界の学術的、社会的発展に貢献することを心から望みます。

1999年7月

監修者　北川隆吉　　東信堂社長　下田勝司

企画協力者（敬称略）　稲上　毅、折原　浩、直井　優、蓮見音彦、宝月　誠、故森　博、三重野卓（幹事）

奥井復太郎
1897 (明治 30) – 1965 (昭和 40)
（1963年　国民生活研究所長の頃、66歳）

まえがき

　思えば、私はここ数年、さまざまな形で奥井復太郎論を発表してきた。私が奥井復太郎について最初に書いたのは、先輩の川合隆男教授の依頼で『日本社会学小伝』（勁草書房）で、奥井の項目を担当した時であった。その後、再度、川合教授より大空社から『奥井復太郎著作集』の刊行計画があるので、手伝うようにとのお話があり、改めて奥井の著作を読む機会をもった。大学院の演習でも、奥井の著作を取り上げた。参加してくれた院生諸君に感謝する次第である。奥井復太郎の学問は広範な研究分野にわたっている。しかし筆者の非力さのために都市研究以外の研究成果を十分に生かせなかったことを恥じている。さらなる奥井復太郎研究が期待される。

　本書の執筆は多くの方にお世話になった。とくに日本都市学会の各先生方からは、生前の奥井復太郎のさまざまな姿を、エピソードを交えながら幾度となく伺わせていただいた。また、今回、奥井復太郎の末子で四女の奥井玲子氏には、新たに長時間にわたるインタヴューに応じていただいた。

玲子氏を通じて、これまでお話を伺ったことのある長男の泰夫氏や三男の故晶氏から得られたのとは違った奥井の一面を垣間見たような気がする。同氏はシスター奥井として雙葉学園で長く宗教教育に尽くされ、現在も田園調布雙葉中高等学校の校長として、熱心に宗教活動に従事しておられる。

日本都市学会は一九九四年に、学会創立四〇周年の記念事業として、服部銈二郎（関東都市学会会長・日本都市学会会長）、神崎義夫（元九州都市学会会長）、奥井家から故奥井晶を招き、生前の奥井先生を偲んで座談会と展示会を催している。また、三田社会学会も一九九七年に、奥井復太郎の生誕一〇〇年記念シンポジウムを開催した。これが契機となって、一部の研究者のあいだで共同で「奥井復太郎の研究」がはじまった。その成果が『都市論と生活論の祖型――奥井復太郎の研究』として、慶應義塾大学出版会から刊行されることとなった。私はその直後、東信堂より日本の社会学者シリーズの一冊として、奥井復太郎の巻の執筆をするよう依頼を受けた。共同研究の方には私自身も関係していたので、本書の原稿が八割方できた昨夏、そこでの研究成果を踏まえたいこともあり、下田勝司さんに事情を説明し、本書の刊行を一年延ばして欲しい旨連絡申し上げた。

私は一九九八年夏、東北イングランド調査のためにダーラム市に滞在した。ダーラムにはこれまで何度か滞在し、生活にも慣れているので、酷暑の日本に帰るより著作活動に向くと思い、調査終了後もそのままその地に残った。ダーラム大学のユニヴァーシティ・カレッジに一室を借り、ここに日本から送った資料を集め全体のほぼ八割を一気に書きあげた。

この年のイギリスは七月から八月のはじめにかけて、例年になく気候が悪かった。とくに東北イングランドは低温とのことであった。このため七月から八月のはじめというのに寒さに震える日々であった。カレッジからあてがわれた部屋は、崖っぷちに立つ四階建ての建物の三階の奥の一室であった。しかも滞在しているのは、私ひとりだけという不安なものであった。窓越しに怪物のようなカセドラルを見ながら、もの哀しい異国での執筆となった。寒いとはいえ八月なので、暖房は切られていた。本書を執筆しながら中世都市に憧れた奥井のドイツでの経験がどんなものであったのか、何度も思いをめぐらした。ライトアップされ夜空に浮かび上がる高名なダーラム・カセドラルは、さながら巨大な不沈艦のようであった。

私は国際交流基金の派遣で一九九九年二月より北京外国語大学に専家教授として長期出張となった。このため中断されたままになっている原稿を仕上げるため共同研究の『都市論と生活論の祖型——奥井復太郎の研究』を出版社にお願いしゲラの段階で北京に送付してもらい、残りの部分を仕上げることとなった。このような事情で、本書は外国で執筆したことになる。筆者の勝手な事情で出版を延ばしてもらった下田勝司氏には感謝に耐えない。そのことで、少しでも内容が改善されていればと願っている次第である。また、監修者・企画協力者の先生方には貴重なアドバイスを得た。重ねて感謝の意を表したい。

北京　友誼賓館にて

藤　田　弘　夫

奥井復太郎——都市社会学と生活論の創始者／目次

付 録

奥井復太郎——都市社会学と生活論の創始者——

第1章　奥井復太郎の人と業績

1956年　慶應義塾塾長時代
(他野子夫人とともに、59歳)

1　奥井復太郎の生涯

(1) 生まれと家族

奥井復太郎は一八九七（明治三〇）年一一月二一日東京市下谷区車坂（現台東区東上野）に生まれる。奥井家は本家（文京区・駒込追分町）を中心に各種の商売を営んでいた。五男二女の末子であった父・福吉は分家として、下谷で陶器店を開いていた。しかし稼業がいまひとつ振わなかった。復太郎の復は事業が上向くことを願ってつけたものだという。しかし父は本家を手伝うために本郷の駒込の追分に移る。

本家の当主が若かったので父の福吉が後見人となり、奥井は両親ともに本家に移り住むことになった。漱石の小説にも登場する有名な「奥井館」である。ここから多くの学者を輩出したので「博士下宿」とも呼ばれていたという。奥井家の出自はわかっていない。伊勢の出らしいがはっきりしないらしい。三代前から商人であることは確かなようだ。親類にせよ関係者にせよ、すべて商人であった。そして諸事万端、すべてが商人風であったという。

日本橋に本拠のあった家は明治の中ごろ商売をやめて、いわゆるシモタヤになっていた。それまでの商売の儲けを地所や家作に変え、その収入で生活していた。明治から大正へ移り変るころ、下町の商人が商売をたたんだ後、シモタヤとして地主に転換するのはよく見られた。

かれは小学校に入る前に、下谷から本郷に移っている。奥井の幼年時代の思い出は、本郷にはじまっている。本郷の土地は一万石の大名下屋敷のあとで、約四千坪の広さをもっていた（松尾、一九九九、六八）。邸内には東照宮があり、そのお祭りが明治の末年まで続いていた。東照宮に稲荷とお富士様とを一緒にして、毎年四月一七日に、親戚一門、知人、出入り連中の子供たちまで集めて祭礼を行なった。一時は「奥井さんのお祭り」といわれ、縁日まで出るにぎわいを見せた。お神楽の屋台まであったという。ある年に、父が仮装行列を考案する。その時、かれは喜撰法師にさせられたり、大津絵の鷹匠にさせられたりして、ずいぶん困惑したと述べている。日露戦争中は、当時ロシアを表わしたワシを雨戸に描いて、松の木の上に止まらせた。それに子供や大人に弓を引かせ、当たりのいい者に商品を出したりした。ともかく贅沢ではないが、よく散じたという。父は本家を継いだので、自分の財産ではないと思っていたせいか質素な生活をしていた。しかし親類の子供たちには、いろいろな遊びの機会を与えよく散じた（奥井、一九五七a、一五八～一五九）。

かれは駒本小学校に入学している。本郷には、府立一中、本郷の一高、帝大とエリート・コースの第一歩となる有名な誠之小学校があった。かれは晩年、本郷で育ったというと、当然のようにこ

松尾浩一郎作成（松尾、1999、68）
A 奥井の生家のあったところ、B 千駄木の地所、C 本家

の小学校の出身と間違えられたという。しかし商人の家の子に、エリート・コースは無関係であった。奥井は誠之小学校ではなく、駒本小学校に入学している。駒本小学校は高等小学校、実業学校へと進むところである。当時、奥井家が商売を続けていたら、かれは当然このコースを選んでいた。しかしこの時、奥井家はすでに商売をたたんでシモタヤとなっていた。かれは小学校卒業後の身の振り方の選択を迫られる。かれのまわりには、だれも高等教育を受けたものはいなかった。しかし、中学ぐらいは出ておこうと思い、府立一中を受験する。すでに商売をたたんでいるので、漠然と銀行員のような平凡なサラリーマンになれればと思っていた。しかしかれは、一中の受験に失敗する。官吏の子弟が集まり多くの受験生のいる誠之のような小学校と下町の子供の多い駒本小学校では、受験に対する意気込みが違っていた（奥井、一九六〇ａ、七）。かれは商人の子供としての迷い、何のために上級学校に進学するのかを考えたという。

(2) 慶應義塾

奥井は慶應義塾の普通部に入学する。大学まで続いているからというのではなく、何気なく入学したという。もっとも一中を受けたのも大学への進学を意識したというのではなかった。当時の商人の家には、学歴を梃として将来を展望するような考え方はなかった。普通部というのは、中学校にあたる。慶應には、今なお普通部（中学校）や幼稚舎（小学校）の名称がのこっている。毎日、白山下から市電で三田まで通った。普通部の同期には、岸内閣の外務大臣となる藤山愛一郎がいた。普通部では、よく遊んだらしい。とくに下町っ子の中心的な存在となっていた。

奥井は普通部を終え、大学の予科に進学すると、自分たちが外部からの入学者に比べて、英語・数学で劣っていることを痛感する。とくに英語ができないので、発奮して英語の勉強をはじめる。かれは、英語会に入ったり、教会で外人教師が教える日曜のバイブルクラスに参加したりするようになる。しかしかれは語学力も不足していたが、それ以上に思想的に未熟なことを自覚するようになる。

大学予科を終え、本科では理財科に進学する。そこで後に、第一次吉田内閣の文部大臣となる高橋誠一郎教授のゼミナールに属する。奥井は次第に、高橋教授の真剣な態度や広く深い学識や鋭い論理の虜になっていく。高橋教授の難解な経済学史の講義も、かえって原典に直接ぶつかってみようとする意欲を駆り立てるものだったという。かれは学問の深さを知って胸をときめかせる。新しい事実の発見に夢を膨らませる毎日だったという。社会の矛盾に対する分析は自ずと、人間性の問題の究明に導いていった。こうしたなかで、かれは自分が徐々に変わっていくのを感じたという（奥井、一九六〇a、八）。奥井は高橋教授を通じて勉学に目覚めていった。

奥井は学校から葉山の自宅に帰るなり、父をつかまえてはマルクスがどうのバクーニンがどうのといった話をするようになる。それを父親は相槌をうちながら、ただ、黙って聴いていたという。そのことが、かれにとっておおいに得意だったという。その年の一一月にゼミの高橋誠一郎教授の書いた「新階級戦争論」の掲載された『三田評論』が発送後、発禁処分を受ける。高橋教授の論文の内容は、サンディカリズムに関する紹介と批評の論文であった（高橋、一九一八）。当時の事情を知る小沢愛圀によると、見識の高さと穏健な高橋教授の論文がこのような処置になったことは驚きだったという（小沢、一九六八）。しかしこのことは、ゼミ生に大きな影響を与えた。

高橋教授のゼミ生には、奥井のほかに無政府主義に興味をもつ奥谷というもうひとりの学生がいた。奥井はクロポトキン、奥谷はバクーニンを中心に研究していた。クロポトキンはロシアの地理学者であり、無政府主義者として知られていた。とくに、ロンドンで、一八九八年に出版された『田園・工場・仕事場』（*Fields, Factories and Workshop*）は、注目を集めていた。奥井は勉学に没入していくとともに、今後も勉学を続けたいという気持ちが急に強くなっていったという。かれは、世間がただいたずらに旧弊に甘んじていると感じるようになっていた。当時、慶應の理財科の卒業生は三井、三菱に就職し、社会で活躍していた。しかしかれは学校に残りたいとの希望を伝えていた。

卒業論文は「クロポトキンの〈アナーキズム〉研究」であった。

(3) 助手と嘱託の時代

奥井の希望が適えられ、卒業の年に助手に採用される。この年、慶應義塾にも「大学令」が適用され、伝統ある理財科の名前は使用禁止になる。理財科は経済学部となる。また、この年、かれは二三歳の若さで、東京音楽学校に通う一九歳の松田他野子と結婚する。助手になってからのかれの関心は、イギリスの思想家、ジョン・ラスキンに向かうことになる。その傍らで、かれは永井荷風や久保田万太郎の文学を愛読する。当時の慶應の経済学部では、教授たちの関心が、思想か純粋経済学のどちらかに傾きがちであった。これに対して、学部長の堀江帰一を中心に、都市問題、人口問題、社会事業などの社会学的な講座を強化をしようとする動きがあった。

奥井は、学部長だった堀江帰一に呼ばれ、助手から嘱託に変わるとともに、「社会改良」と「都市経済」の研究を行なうように命じられる。しかしこの時、かれはどのように研究をはじめたらよいか、途方に暮れたという。最初に産業革命と都市という課題を選んだとはいえ、研究は暗中模索だったようである。

そうしたなかで、東京市長であった後藤新平が有名なビアード博士を招き、都市に関する連続講演会を催すことになった。かれは慶應から選ばれ、数日にわたるゼミナールに出席している。ビアードの講演は都市発達史、市政論、都市美論、都市計画など幅広いものであり、かれも大きな刺激を受けている（東京市政調査会、一九二三）。ビアードの方でも、講演にあたっては日本の実情を詳しく調査している。かれは、大久保利武が一八九四（明治二七）年にベルリン大学に提出した博士論文「日本地方制度及び自治の発達史」を、日本にもってきていたほどである（大久保、一九九六、九）。奥井は引き続きイギリスの都市生活や田園都市運動の研究を進める一方で、急激にジョン・ラスキンの思想にのめり込んでいった。しかしかれは当時ラスキン研究の焦点となっていた社会思想にではなく、それ以前の美術批評家時代のラスキンに関心を集中させている（横山、一九九九、二三七〜二三八）。その意味で、かれは都市研究の端緒を掴みかねていた。

(4)ヨーロッパ留学

そんな奥井を見かねたのか、大学当局はかれに外国留学を命じる。その時、奥井の選んだ留学先は、ドイツであった。イギリスの産業革命期の都市や田園都市、さらにJ・ラスキンを研究していた奥井が、留学先にドイツを選んだことについて、かれは当時の若い学者にとって、ドイツ留学が憧れの的であったことに尽きるといっている。慶應義塾からも多くの学者がドイツに集まっていた。

ドイツの大学は教育機関であるのみならず、研究機能を合わせ持っていた。イギリスやフランスの大学が閉鎖的な教育機関であったのに対して、開かれた研究を掲げたドイツの大学は、世界中の研究者を魅了していた。ドイツは第一次世界大戦の敗戦国であったものの、さまざまな学問が勃興し、知的な雰囲気がみなぎっていた。ドイツの大学には、世界中から学者が集まっていた。とくにベルリン大学は、その中心であった。

さらに、これに敗戦国の事情が加わっていた。敗戦後のドイツは猛烈なインフレに見舞われた。このため留学生はわずかな日本円で、王侯貴族のような生活ができた。日本人留学生は、青春を謳歌できた。しかしその一方で、学生の風紀も乱れていた。ベルリンのいかがわしいカフェーには、日本の留学生がたむろしていた。一九二二（大正一一）年には、ドイツ政府が、駐日大使を通じて、日本人留学生の風紀を取り締まるように申し入れをするありさまであった（日録20世紀、一九二二、一九九八）。

奥井の留学時には、インフレも収束に向かい日本人留学生の悪業も目立たなくなっていた。しかもかれは当時考えられなかった他野子夫人をともなっての留学である。ベルリンには慶應義塾からの留学生も多く、賑やかな日々だったという。毎日のように、本を買いあさりに出かけた。とはいえ、ドイツにもかれの課題とした都市の社会科学的研究があるわけではなかった。この間、かれは

M・ヴェーバーやW・ゾンバルトの都市論はもちろんのこと、ドイツ都市史に関する書を乱読している。しかし留学中の奥井に決定的な影響を与えたのは、何といっても現実のドイツ都市である。かれは、ドイツ各地の都市を見て、その形態（ゲシュタルト）と生活共同体の結びつきに衝撃を受けている。ドイツの中世以来の都市の形態は、かれを魅了する。奥井は留学中にパリやロンドンにも足を延ばしている。ロンドンには二ヵ月滞在し、家族を呼びよせている。そして二年半の留学後、かれは帰国の途に着いている。

(5)研究と教育

奥井は帰国後、留学中の成果を示すかのように次々と論文を発表する。ドイツの社会政策やドイツ都市に関する研究が、堰をきったよう書かれていく。しかしかれの発表したドイツの都市研究の内実は、都市の社会科学的研究というより、どちらかというと都市の法制史や経済史に関するものだった。ドイツ社会政策関係の論文は、その後に本格的な展開を遂げることになる。ところが、都市関係に関しては、ドイツのものは「都市問題序論」を最後にプッツリと切れる（奥井、一九二九b）。後に一度「世界都市ベルリン」に関する研究を紹介したにとどまっている。

奥井は帰国後、パーク等のシカゴ学派の都市研究を知る。かれはアメリカの都市研究に取り組むことで、都市研究に新たな地平を拓こうとする。奥井はアメリカの都市研究に没入するようになる。かれはシカゴ学派都市研究の検討を進めるとともに、シカゴ学派から社会調査を学ぼうとする。こうしたなかで、かれはそれまでの都市の法制史的研究や経済史的研究とは性格を異にする「『都市問題』の一考察」と題する論文を発表する（奥井、一九三〇a）。この論文は奥井の都市研究に対する新しい視座を提示するものであった。

その後、かれは東京を舞台とした調査に明け暮れることになる。しかも都市調査は次第に大規模なものとなっていった。奥井のゼミのなかに「大東京共同研究会」というグループが形成され、これに大勢の学生が参加していた。その成果が、『現代大都市論』である（奥井、一九四〇h）。ところが、かれのもう一つのテーマであった社会政策については、あまり実態調査を行なっていない。社会政策論の研究はドイツでの議論の延長線上で展開していった。

戦時色の深まりは、奥井の研究にも影を落としていった。かれも時局の要請から国土計画など戦時の研究に手を染めている。しかしかれの計画論は、けっして時局に便乗したものではなかった。奥井の『国土計画論』は、当時出版されたこの種の本のうちで、ほとんど唯一学問的なものであった。このなかで、かれは頑固なまでに学問的裏づけを志向している。これから戦後復興期にかけてが、かれの研究の一番油の乗り切った時代であった。奥井の研究は戦争によって中断を余儀なくされたとはいえ、かれの探求心が衰えることはなかった。戦争中はこれまでにない経験をしている。戦況の悪化のなか地元の葉山で部落会会長や町会議員を務めるかたわら、野菜づくりに精を出している。食糧難の時代に八人の子供たちの食糧を確保するのは大変な苦労だった。

(6) 日本都市学会の設立と塾長就任

奥井は趣味の人でありながら、また、一面でリーダー的側面をもっていた。そのことが、戦後かれを役職者としてさまざまな実務を担わせることになる。しかもその仕事は学内にとどまらなかった。戦後の奥井は、学の内外の多くの仕事に忙殺されるようになる。

慶應義塾はもっとも戦災を受けた大学となっていた。したがって、まずこの復旧にかからなければならなかった。かれは都市の専門家として、施設の復興や建設の役割を期待されていた。さらに大学には、新制大学への切り替えの大事業が待っていた。かれは一九五〇年に、新たに設けられることになった一般教育課程の研究および視察のために、アメリカに派遣される。その時に奥井は、はじめてアメリカの都市を目のあたりにしている。かれはニューヨークのグリニッジ・ヴィレッジやシカゴのスキッドロウを実際に見て、感慨を新たにしている。かれは書籍で知っていたとおりの都市景観や生活に接して意を強くしたと述べている。しかしかれにとって、アメリカといえば何といっても、かれの都市研究に決定的な影響を与えたシカゴ学派の拠点シカゴ大学であった。かれは忙しい合間をぬって、シカゴ大学にルイ・ワースを訪ねている。この時、シカゴ大学の大学院に留学しワースのもとで都市社会学を学んでいた矢崎武夫の案内で、ワースと歓談の一時をもった。

戦災の復興が一段落すると、土木・建築ばかりでなく、都市行政や都市経営などを含めた都市の科学的な研究の気運が高まっていた。都市研究はとてもひとつの研究分野で賄えるものではない。隣接科学との連携が不可欠である。戦前、東京帝国大学のなかには、全学部に通じる都市の研究組織があった。そうした総合的な都市研究の組織化が問題となっていた。

東京市政調査会は都市研究のシンクタンクとして、多くの都市研究者が集まっていた。東京ばかりでなく大阪などでも都市研究者のネット・ワーク化が進められていた。個別科学による都市研究の限界が痛感されていた。総合的な都市研究組織の必要性が叫ばれていた。こうした都市研究の高まりのなかで、一九五三年に日本都市学会が研究分野を異にするさまざまな研究者が集まり発足する。日本都市学会は、文科系の学問分野と理科系の学問分野が一体となった、当時としては珍しい研究組織である。奥井は代表理事、次いで初代の会長となる。

学会は最初に全国一本の組織として結成される。しかし研究の活発化とともに、関東、近畿、中部、東北、九州、中四国、北海道の七つの地区組織ができ、その連合体となっていった。奥井は各地区で大きな会合のあるたびに、請われればでかけていった。日本都市学会は年一回の大会と全国都市問題会議の際に、慣例的に開催する会合があった。そこには、奥井会長の示唆に富んだ談話を聴くとともに、その庶民的性格に接することを楽しみに集まってくる会員が少なくなかった（小古間、一九六六、三八）。このころ、奥井家は経済的に困窮している。私学の教員にとって八人の子供の授業料を払っていくことは、並大抵のことではなかった。慶應義塾の教員は経済的に恵まれた人が多かったこともあって、教員給与は私学のなかでもとくに低かった。

奥井は一九五六年に、学長にあたる塾長に選ばれる。家族の大反対を押しきっての就任だった。奥井は学校運営のさまざまな実務に追われるようになる。一九五四年には、慶應義塾が新しくアメリカ流のビジネス・スクールを設置するにあたり、ハーヴァード大学と提携するために再度渡米している。この時、シカゴ大学にディーンのドーナムを訪ねる。しかし五〇年に出会ったワースは二年後に没しており、その意味ではさびしい訪問であった。一九五七（昭和三二）年は、慶應義塾の創立百周年目にあたっていた。奥井は塾長として昭和天皇を記念式典に迎えるなど、多忙な日々を過ごしている。奥井は塾長の仕事に忙殺されるようになる。奥井は塾長ともなると、やたら人が頼みごとにくると、その立場にいささか閉口している。塾長の仕事は奥井にとって、大きな負担となっていた。奥井はその焦燥感を、次のように述べている。

「塾長と学者が両立しない。研究生活とも別れを告げた。塾長になって一番悲しい事は、塾生（学生）と教室で接する機会がなくなったことだ。教授は教室が仕事場だ。この仕事場が失われた。塾生と親しく接する機会も少なくなった」（著作集別巻、三田新聞、一九五六、七八七号）。塾長はゼミをもてないことになっていた。そこで、かれは学外なら研究会を開いてもいいはずだとして、学外で「シビタス」という研究会を発足させている。

やっと塾長の任を終え経済学部の教授に復帰した後も、奥井には学内の仕事が次々と振りかかっている。外部の仕事はさらに増加していった。社団法人国民生活研究所の創立にかかわり理事長となったほか、特殊法人に改組された国民生活研究所（現国民生活センター）では、所長となる。かれはこの研究所に大きな期待をかけていた。人びとの生活の向上はかれの生涯をかけたライト・モチーフであった。かれの所長職は、けっして名目的なものではなかった。奥井は国民生活に関して、研究所の機関誌となった『国民生活研究』に次々と論文を寄せている。さらに、奥井は観光産業研究所所長、地域開発研究所所長などの役職を兼務する。

その間、日本都市学会や東京市政調査会の調査、研究に忙殺されるようになる。日本都市学会は浜松市の総合調査、名古屋市の整備計画、北九州市のマスタープランなど、次々と大規模な都市調査を実施するようになる。とくに北九州市のマスタープランは学者と行政が一体となった大規模な調査となった。奥井はこれらの調査の責任者として、都市行政の実務にまで積極的にかかわっていった。そうしたなか、伊豆下田で講演中に突然倒れ、わずかな時間で死を迎える。

洗礼名ヨゼフ。

2　奥井復太郎と現代

(1) 奥井の人となり

奥井復太郎の名は、都市社会学の創始者として知られている。かれ自身、「御専門は？」と問われて、「都市社会学」と答えていた。しかし当時は都市社会学といっても、明確なイメージを描きにくかったのか、しばしば都市計画家と間違えられたという。奥井を知る人の誰もが強調するのが、人を差別するようなところがなかったことだという。奥井は学生に人を外形や職業で差別してはならないと、繰り返し説いていた。

奥井が晩年を過ごした国民生活研究所において、かれは所員に所長というよりベレー帽をかぶり、煙草を口から離さずカメラを肩に背をかがめて歩く、一市井人に映っていたという（国民生活センター、一九九〇)。奥井は誰にでも別け隔てなく接し、相手を暖かく包むところがあった。しかしその一方で、奥井は事態を冷徹に見つめていた。かれは状況に流されることなく、厳しい態度でものごとに接した。磯村英一は奥井がつねに強い批判精神をもっていたことを伝えている。先生は都市計画に指示を与える際に、人間の尊厳を守ること、都市づくりは住宅づくりであることを強調する。しかしそれに加えて、先生は近ごろでは豚やニワトリでもアパートに近い生活をしている、人間に住宅がなくて何が都市計画だ、といった一流の皮肉を交えて提言するという(磯村、一九七二b、六七)。奥井は戦時下にあっても、けっして時代に迎合しようとはしなかった。奥井はいつも強い反骨精神を奥に秘めていた。

慶應義塾には、先生とよばれるのは福澤諭吉だけで、あとは上下関係を避けるためにも教員を「君」とか「さん」づけで呼ぶとする習慣があった。そうした関係は、当時まだ一部に残っていた。しかし、すべての教員がこうした雰囲気になじんでいたわけではない。奥井は普通の大学で学長を意味する塾長になっても、その態度に変りはなかったという。むしろそうした態度のあり方にこそ、かれの生き方がかかわっていた。奥井はまた、絵画、写真、音楽など多くのものに興味をもった。かれは絵筆をとり、カメラを片手にし、歌を唄った。かれは趣味の人であった。そのことが、かれの研究に潤いを与えるとともに、創造性を支えていた。また同時に、奥井の研究の奥底に、独特のヒューマニズムを感じさせる原因ともなっている。

(2) 奥井の学問の先見性

奥井復太郎は同じ経済学部の同僚であった小泉信三や加田哲二などのように、世間に対して派手に活躍することはなかった。当時、社会思想や経済問題に興味をもった多くの若い研究者は、次第に問題を経済学的に純化していき、経済学理論や労働問題の彫琢《たく》へと向かっていった。これに対して、奥井は学校当局から与えられた「社会改良」と「都市経済」の課題の達成に向けて独自の道を歩んでいった。

奥井は社会政策論や都市の社会科学的研究を、確立することを課題とした。そうして生み出された研究は、きわめて先駆的なものであり、独自性に富んだものとなっている。昭和初期の都市研究はもっぱら社会問題としての都市問題の把握にとどまっていた。こうしたなかにあって、奥井の都市を社会科学のなかに明確に位置づけようとする試みは比類のないものとなっていた。かれは都市研究において、未開の荒野に果敢に挑戦していった。大道安次郎は、人びとの口に都市問題がのぼることが稀であった時代に、突如として奥井の『現代大都市論』が彗星のように現れたという（大道、一九六五、一二〜一三）。また、社会政策論に関しても、学会全体が未だ理論的に未整備・未深化な時代であった昭和初年に、早くも学会の水準を抜いていたばかりでなく、現在に生き続ける視点を包含した議論を展開していた（小松、一九九六、二八六）。

奥井復太郎は「都市社会学」や「生活研究」の先駆者となった。とはいえ、かれの研究は、とても一つや二つの研究分野で語られるものではない。奥井の研究は、社会思想、社会政策、都市社会学、都市経済学、都市計画、国土計画、国民生活研究、生活構造論、社会史、文学研究など、実に多方面におよんでいる。奥井の研究は時代への先見性をもっていた。かれはすでに一九五〇年代の段階で、一九七〇年代になって脚光をあびることになる「生活構造論」や一九八〇年代に花開いた前田愛たちの「都市と文学」などの研究に先駆的業績となる論文を発表している（前田、一九八三）。川合隆男はわが国の社会学者や都市社会学者のなかで、奥井ほど学生や学生街、大学と地域社会に関心を寄せた人物は少ないのではないか、という（川合、一九九九、二〇三）。戦後も都市計画との関連で「三田文教地区」計画に強い関心を示していた。

(3) 奥井都市論の位置

奥井復太郎は日本の都市社会学の先覚者となり、都市研究に大きな足跡を残した。日本における都市の社会学的研究は戦後本格化するけれども、すでに奥井の手で、戦前の段階で事実上確立している。かれの研究はまさに孤高の都市研究と呼ばれるにふさわしいものであった。新明正道は『現代大都市論』が、今日でも都市社会学の業績としてその方法や課題の認識に多大な示唆を与えているとして、事実上、第二次世界大戦が終わるまでは、氏が都市社会学の研究者としてただひとり頭角を現していたと主張する（新明、一九五九、二九二）。

日本の社会学者は都市研究の出発点を、しばしば一九二〇年代のシカゴ大学での研究に求める。シカゴ学派の都市研究は、今日なお社会学者たちの間で折りに触れて言及されている。シカゴにおいて都市の社会学的研究の誕生を告げたのは、一九一五年のR・E・パークの『都市――都市的環境における人間行動の研究のための若干の示唆――』の発表である。しかし都市研究が本格化するのは、一九二〇年代である。そして一九三八年には、シカゴ学派の都市研究のひとつの理論的到達点ともいわれるL・ワースの『生活様式としてのアーバニズム』が発表される。

この間、日本では奥井復太郎が黙々と研究を続けていた。奥井が本格的に都市研究を開始したのが、一九二〇年ごろである。奥井はイギリスとドイツの都市を中心に研究を進めている。かれがシカゴ学派の都市研究を知るのは一九二五年以降であり、東京での地域調査が本格化するのが一九三五年ごろである。日本の都市研究者でシカゴ学派の都市研究を最初に組織的に導入したのが、奥井であった。そして、一九四〇年には大著『現代大都市論』が完成する。つまり奥井が都市研究を進めていたのは、シカゴの研究者たちが都市研究を進めていたのとほぼ同時代だということになる。

奥井がヨーロッパとアメリカの研究を巧みに咀嚼《そしゃく》しながら、日本の現実に即して、都市研究をまとめたことの意味は大きい。ここでは都市の多様な社会現象が、ことごとく都市の体系のもとに位置づけられている。ヨーロッパの社会科学者の都市への関心は、法制史的、経済史的側面に集中していた。このため都市について体系的にまとめた研究はなかった。シカゴ学派の都市研究は、一時ヨーロッパでも注目を集めた。しかしシカゴの都市研究に関心を抱いたのは、W・ゾンバルトやJ・ホイジンガなど一部の学者にとどまった。しかもそれは、ごく一部の研究方法に関してだけであった。また、その後のシカゴの学者たちの研究は、個別の調査研究に拡散していった。このためシカゴの研究者で都市の体系的な研究をまとめた人はいない。ワースの「アーバニズム理論」も、実のところ概念の整理枠組みといった性格のものでしかない。

奥井の『現代大都市論』は、都市の思想、理論、調査を体系化した点で、当時の世界にも類を見ない画期的なものとなっている。奥井の研究は、ほぼ同時代に進められたシカゴの都市研究者たちを、凌駕しているといっても過言ではない。『現代大都市論』は、高い評価をもって迎え入れられた。それは七五〇頁もの大部にもかかわらず、多くの読者を得ることとなる。本書は戦況の悪化による紙不足のなか、一九四〇、一九四一年、一九四二年と増刷を続けた。

磯村英一は、『現代大都市論』が日本の都市を研究する者にとって、唯一の古典として珍重されていたとする（磯村、一九七二b、六六）。また、大道安次郎も『現代大都市論』が、戦後もその光芒が衰えることなく続いており、都市社会学を学ぶ者にとっては、必読の書物となっていたという。本書は都市社会学の名著とされ、その後この道の指導書として、大きな役割を果たしていた。大都市論は神田の古書街で、社会科学の本としては珍しいほど高値なものとなっていた。それは、一九八五年の復刻版の刊行まで続いた。しかし奥井の研究は『現代大都市論』を画期としながらも、一九六〇年代の半ばまで衰えることなく続いていた。

奥井の都市研究の最大の特徴は、経済学、社会学、都市計画学において、忘れ去られようとしていた「人間」を研究の正面に据え、それを回復しようとする視野に立って議論を進めたことにある（国民生活研究、一九六三）。かれの都市研究には、人間とか生活とかといった概念が随所に顔を出している。晩年の奥井は都市生活、消費生活、国民生活などを「生活の社会構造」という視角から研究を進めようとしていた。

第2章　都市と地域生活の社会学

1927年　ドイツ留学後（30歳）

1　都市へのまなざし

(1) 社会思想研究と都市

奥井の学問への開眼は、高橋誠一郎教授によるバクーニンやクロポトキンの無政府主義の思想との出会いからであった。また、かれの助手時代の研究はイギリスの思想家ジョン・ラスキンであり、ウィリアム・モリスにも深い関心をよせていた。ラスキンやモリスの思想は産業化のもとで失われていく、自然や田園への憧れを強くもっている。かれは早くから、イギリスの産業都市の暗黒面に関心を抱いていた。そもそも、社会科学の出発点のひとつが、一九世紀における都市の貧困問題にあった。そのことは当然、かれの「田園都市」への関心にも繋がっている。奥井がラスキン論と並んで、早くから田園都市をとりあげていることは、奥井の議論の出発点がどこにあるのかをうかがわせる。

奥井はラスキンに関心をもったというより、ラスキンに没頭していた。しかもそれは当時一般的に注目されていた社会思想家としてのラスキンではなかった。横山千晶によると、奥井の目的は、ラスキンの美術批評家時代に焦点を絞り、そこで論じられる自然観、美術観、建築観に社会批評の点から迫っていくことであった。とくにかれが注目したのは、『近世絵画論』『建築七燈』『ヴェニスの石』へと発展していく様子であった（横山、一九九九、二三九）。かれの興味はラスキンといっても、もっぱら絵画論や建築論にあった。かれはラスキンの社会批評の根底を貫く美術批評を通して、人びとの「生活」に関心をよせる。奥井はそうした観点から、生活の拠点としての都市を思い描いていたのである。

奥井は都市研究に、四つの時代があるとする。第一の時代は、文明論の時代である。文明論の時代には「神が田園をつくり、人が都市をつくった」といった議論が行なわれた。次は市政論の時代である。市政論の時代は「近代自治論」の時代ともいうべき時期である。これには、プロイセンにおけるシュタインの改革が契機となっている。どのような都市制度が市民意識の涵養によいのかを論じた時期である。第三の時代は、都市経営論の時代である。都市経営論は市民生活に必要な交通、住宅、衛生、上下水道、教育などの運営を、ひとつのビジネスと考えようとするものである。ウェッブ夫妻やビアードの立場はこれを代表するものである。そして第四の時代が、現代の都市社会学の時代にあたるという。現在においては、都市研究が都市計画や地域計画に生かされる時代であると主張する。都市社会学の研究はかれにとって、都市の科学的研究の開始を意味するものであった（奥井、一九六二a、四〜五）。

奥井は都市について、どのような思いをもっていたのだろうか。奥井の都市研究に飛躍の機会となったのが、ドイツ留学である。かれはドイツ留学中、中世都市に魅了され圧倒され続けてきた。かれは中世都市と呼ばれているものが、実は中世のものではなく、最近のものであることを知っていた。かれは注意深く、それが中世の形態を残す都市であることを指摘している。しかし奥井は、そこに営まれている都市生活に、かぎりない愛着を感じている。かれの初期の研究には、ドイツの中世都市に対する強い憧憬の念が感じられる。そこに奥井は自然美を謳ったラスキンの姿を見ていた（奥井、一九五九a、八）。その意味で、奥井はアンチ・アーバニズム的思想のなかで、研究を出発させたといえる。

(2) 都市主義と理想都市

奥井の都市思想は時代とともにアクセントの置き場所を変えていく。イギリスの田園都市やドイツの中世都市に対する憧憬の念から、次第に都市の現実を強調する機会が増えてくる。戦前に都市のあり方について盛んに論議されたのは、戦時体制下の都市の成長に関してである。戦時体制は生産力拡充のもと大都市の周辺に次々と工場を設置していった。東京、大阪などの大都市は急激に膨張していく。こうしたなかで、〈都市の農村搾取〉という標語が流行するようになる。とくに議論の的となったのが、「過大都市」に関してである。

奥井は都市と農村の問題が論じられる時、都市はつねに非難され、農村は誉められると述べる。かれはそこで、都市の過大性の基準となっているのが、何なのかを問題にする。その際、問題となっているのは、もっぱら健康、衛生、風紀、道徳などであり、だれも都市の機能を基準にして、過大性を論じてはいないと主張する。

奥井は当時の論調について、次のように述べる。現在、農村は衰退の道をたどっている。とくに戦時体制は、農村に耐乏生活をよぎなくさせている。しかしその一方で、大都市は豊かな生活を享受している。このため大都市の市民は、「非国民」とよばれかねない。しかしかれは、大都市が一国の最高文化の表現として、世界に冠たる文化および国民を育成する場所でなければならないと主張する。奥井は大都市礼賛論にも大都市抹殺論にもくみしようとしない。それどころか、かれは大都市が、偉容をもつべきだという。しかしその偉容とは、けっして華美な服飾や奢侈な生活ではなく、合理的な生活と科学的な組織にもとづく崇高なる道義心としての偉容である、と。

奥井は、都市の機能が全体社会の「生活の組織力」にあり、都市とは社会生活の中心であるとの立場を貫いている。かれは当時の田園都市論者が都市の適正規模を、人口三万人だとしたことに対して、それは都市の機能からではなく、人びとの「社交性」から都市の適正規模を論じたためだという。かれは、三万の人口という数が住宅地としては適当かもしれないが、この基準をすべての都市にあてはめることはできないと主張する。

　農業が国の基本であるとの考え方は古くからある。古代ギリシアの昔から都会の生活は人びとの心身を弱化させ、祖国を守れないばかりか、友として信頼できない人間を育てるといった話がある。農耕は戦争と同じく栄誉あるもので、王侯といえどもこれに従事しなければならない、と考えられてきた。しかし奥井は、世界を支配する国が農業の国ではなく、農業を離れた国であるとして、都市否定の思想を斥ける（奥井、一九四〇ｈ、七二六）。その間、都市と農村の問題については、社会事業家、社会衛生論者、経済学者、社会学者、政治学者などとともに、政治家、軍人、教育家などによって、それぞれの観点からさまざまな主張がされていた。とくに巨大都市の評価に関しては、賛否両論が渦巻いていた。

　奥井は都市が悪徳の世界という側面をもっていることを否定しない。しかし奥井は、巨大都市が利害の有無、論議のいかんにかかわらず、厳然として存在していることをあげる。そして、当時の都市や都市文化に対する批判に、都市擁護の立場から応えている。

　かれはラスキンの芸術論に心をときめかせ、モリスの〈都市・農村一体論〉やハワードの〈田園都市論〉に心をよせた。しかし奥井は、ただ単純な都市主義者でも反都市主義者でもなかった。とはいえ、奥井は時代が下るとともに、現実主義的側面を強めていった。そして晩年の国民生活への関心へと繋がっていくのである。そこでの都市はかれにとって、市民の高度な生活が一層活発に、一層効果的に展開される場であった（奥井、一九六三c、二）。

2　都市理論と都市社会学

(1) 都市の概念と論理

それでは、奥井はどのように都市をとらえようとしたのだろうか。奥井は『現代大都市論』を、次のような書き出しではじめている。われわれには、日常的知識としてわかっていると思っていることでも、いざ学問的に考えるとなると、かえってわからなくなるものがある。かれはその典型が、都市だという。では、都市研究の手がかりは、どこに求めればよいのだろうか。奥井は都市の成立には、経済的、社会的過程が深くかかわっていることに着目する。このことから、かれは都市問題の大部分が経済的、社会的な問題として解けるはずだという。

ここから、奥井の都市哲学ともいうべき都市の本質論が開陳される。この部分は奥井の都市論の中核をなすとともに、ドイツの学問的影響をもっとも色濃くもっている部分である。奥井は、都市が地球の表面にある大量の人間が密集して定住する集落の一形式であるとする。その際、定住とは、一定の地点に相当長い期間、計画的に立てられた生活プランによって居を定めるという意味である。社会生活が活発になると、生活の各側面に関連して、〈中心的機能〉を担う土地が形成され、そこは他の土地とその形態や活動を異にするようになる。これが都市の成立する過程なのだという。この意味で、都市は全体社会の支配力の所在地であるとともに、「支配関係の中枢」である。都市とは、社会生活の中心地であり、中枢なのである。

都市と農村の関係には、一種の支配関係がある。そもそも都市が最初に成立した時代には、都市はけっして農村との交易で食糧を確保していたわけではない。むしろ、それは政治的支配による農産物の補給だった（奥井、一九四〇h、二一）。その上に、都市は文化を発展させてきたのである。その後、都市―農村関係は政治的な関係から経済的な関係に変わっていった。しかし現在なお農村の働き蜂のような状態は、依然として続いているとする。こうした観点から、かれは都市を「国民、世界経済社会を大きな社会として、その機構にもとづいて出来た、支配的中心機能および活動の所在である」（奥井、一九四〇h、二三）と定義する。

奥井は都市が末端地点に対して、機能的に異質的な存在となっているという。しかも都市のヒンターランドに対する結合の形式は、幾段階の序列をもっている。まず、村自体がすでに中心的であって、周辺の小集落に対して中心的機能をもっている。いまかりにこの種の結合をS１とすれば、村が付近の町についてもっている結合の型はS2となる。さらに町がS3の型をとりながら、周辺の小さな都市へと結合していく。この小都市も地方の中心都市、それから中央の都市へと結合をもとめるという。こうしたなかで、首都やこれに匹敵するような大都市が、他の都市や村落に決定的な影響を与えている。こうした視点から、かれは、都市を〈空間的交通網〉における「結節的機能」をもつ場所だと主張する（奥井、一九四七a、一三）。また、大都市も市民生活の基地であり、生活集団の場所としては、末端集落と何ら変わるところがない。村も町も市も住民の生活基地であり、それが社会の生活集団だという点では、同じ現象にほかならない。

奥井は、都市の核を、行政、経済、宗教、教育、医療などの機能と機関の存在に見ていた。しかもその機関は階層性をもっているのである。かれは都市を経済社会、国民社会における機能的中心だとして、都市をその「結節機能の地域的結集」という観点から位置づけている。この視点は、かれが学んだドイツの社会科学にも、アメリカの都市社会学にもない、独自の都市理論となっている。

(2)都市と全体社会・資本主義

都市成立の前提は、大きな社会の存在である。今日では、この大きな社会とは一国社会であり世界社会である。現代の都市が、国民経済さらに世界経済の支配的な中心組織をなすものだとすれば、現代都市の研究は、東京、大阪、名古屋などの大都市を取り上げなければならない。ここに、大都市の研究の意義が説かれる。

まず、現代の大都市の住民は「市民」であるより前に、国民経済的、世界経済的な存在となっている。したがって、現代は市民的な問題であっても、国民経済を無視して語ることはできない。つまり現代の都市民は、シティズンである前に〈ピープル〉であり〈ホモ・エコノミックス〉なのだというのである。この点に着目して、奥井は都市を研究するに際して、都市を〈外的〉に規定する全体社会の政治的、経済的側面から研究をはじめる必要性を強調する。つまりかれは都市をまず「全体社会」との関連から把握しようとする。

ところで、奥井は都市ということばが、あまりに広く使われ過ぎているという。古代にも中世にも都市とよばれるところがあった。とくに中世都市は、近代都市の前段階をなしている。しかし中世の封建都市と現代の都市とでは、あまりにも性格が異なっており、同時に論じることができない。ましてて、現代の都市をメソポタミアの都市やギリシアの都市と同じ水準に置いて論じてはならないことを強調する。では、かれが研究対象とする都市とは、いかなる都市なのか。かれはそれを資本主義社会という大きな社会生活の中心機能を有するとして観察される都市、いわゆる現代の大都市にほかならないという。つまり現代の都市現象は、資本主義社会の機構とその特徴のうちに、その本質が把握されるのである。

　現代の都市は、きわめて資本主義的な性格をもっている。資本主義の発展の以前と以後とでは、同じ都市であっても、その社会的性格がまったく別のものとなっている。したがって、人文地理的には数百年の連続性をもつ都市でも、資本主義の発展以前と以後とでは、違った都市と考えた方がよいのかもしれない。かれは現代都市を資本主義の文化的所産として理解しなければならないことを強調する。奥井は注意深く自分の研究対象が、あくまで資本主義社会の中枢を形成する大都市であるとしていた。

(3) 都市経済論から都市社会学へ

　奥井は自ら都市社会学者だと称していた。かれが大学で最初に担当した講座名は「都市経済」であった。しかしその名称はかれの希望により、「都市問題」に、さらに「都市社会学」へと変わっていく。また、かれの都市研究の立場を表明した『現代大都市論』の第一章のタイトルも、都市理論・都市社会学となっている。かれは自己の学問を都市社会学と考えていた。では、経済学を専攻した奥井が、なぜ、都市社会学者を名乗ったのであろうか。これには、二つの理由がある。

　かれは、都市社会学という名前を使う理由を、次のように述べている。わたしに最初に与えられた講座名は、都市経済論であった。しかしドイツ留学の経験から、都市を研究するには経済学からだけだと狭すぎると考えるようになった。そこで経済に「政治」と「建築」を加えることで、都市問題とすることにした。ところが経済学は抽象の学問である。経済学は社会現象から経済的要素を抽出し、その要素を論理的に組み立てる。したがって、経済学的にものを考える時、抽象度が上がっていくことは避けられない。このため経済学の研究は、ともすれば魚の骨をさして、これが魚だということになりかねない（著作集別巻、一九五六、三田新聞、七八七号）。しかしこれでは、とても複雑な都市現象をとらえることはできない。また、経済と政治と建築をばらばらに考えても、とうてい都市をとらえることはできない。そこで、都市を社会学的にとらえようとした。社会学なら都市を統一的にとらえることができるかもしれない。これが、奥井が社会学に引き込まれた第一の理由である。では、都市社会学という名称を使う第二の理由はどこにあるのか。それは、アメリカのUrban Sociologyとの関係である。

(4) アメリカの都市社会学

奥井はアメリカの都市社会学と出会うことによって、都市研究を組み立てる直接の契機を掴んだといってもよいだろう。それほど、かれの都市研究に対するアメリカ社会学の影響は大きい。とはいえ、かれの研究に関する思考の骨格は、事実上それまでに形成されていた。実際、奥井がアメリカの都市研究を知るのは、ドイツからの帰国後の一九二七年ごろであり、パークの有名な『都市』の入手にはじまるという。むしろアメリカの都市社会学が、かれの研究を花開かせたといった方がよいのかもしれない。

では、アメリカの都市社会学とは、どんな学問なのだろうか。奥井はN・アンダーソンに言及しながら、アメリカにおける都市社会学の出発点が、一九世紀のスラム研究にあるという。都市のスラムは、アメリカばかりでなくどこにおいても、広義にいう都市問題の最初の出発点でもあった。一九一〇年ごろの『アメリカ社会学雑誌』には、家庭、学校、教会、青少年、住宅、近隣集団、犯罪、売春、移民などの研究が断片的に記載されている。パークの論文『都市』は、まさにこれらの断片的研究を体系化しようとするものであった。かれの人間の行動を動物や植物とのアナロジーでとらえようとする「人間生態学」はそのための理論であった。シカゴでの研究は第一次世界大戦後、ヨーロッパにも紹介される。しかしW・ゾンバルトをはじめヨーロッパの学者は、シカゴ学派の都市研究を、体系性に欠けモノグラフの寄せ集めにすぎないと批判した（藤田、一九八二、三六〇）。とはいえ奥井はアメリカの都市社会学が、ゾンバルトが批判するような統計的集団に関するたんなる叙述ではないと主張する（奥井、一九三三、三八）。かれは慎重にアメリカの都市社会学のもつ心理的、形式的説明が、必ずしも都市を説明する最良の方法ではないとする（奥井、一九三〇、九六）。それどころか、アメリカ流の Urban Sociology に、どれほど純社会学的根拠が存在するのか疑問だとまでいう。しかしそれにもかかわらず、かれはアメリカの都市社会学に、共感を覚えずにはいられないというのである。かれは幾多の問題を指摘しながらも、アメリカの都市社会学を積極的に導入しようとする。

奥井はアメリカの都市社会学を、どのように見ていたのだろうか。アメリカの都市社会学は、当然アメリカ社会の特殊性を反映している。では、どこがアメリカの社会学の特徴であるのか。かれはそれを、三つにまとめている。第一に、アメリカは歴史が短いため伝統に拘束されることが少ない。アメリカは中世のない国である。第二に、アメリカはきわめて短期間のうちに今日のような発展した国となったのであり、その社会的な運動性がきわめて高い。第三に、アメリカの発展は、外国からの移民によって担われた。このことから、社会の「雑異性」が著しく高いものとなっている。これらのアメリカ社会の特徴が、アメリカの社会学に深く影を落としている。

では、アメリカの都市社会学が都市研究に与える意味はどこにあるのだろうか。奥井は少なくともそのひとつが、アメリカ都市社会学がどんなに複雑な都市現象のただひとつといえども、都市全体との関係において把握しなければならない点を明らかにしたことにあるとする。スラム、文化住宅地区、商店街等々の地域は、都市全体の発展過程において把握され、理解されるとともに、蒼白きインテリと称されるような都会型の人間も、数百万の人口集団をもつ大都市全体の構成のなかで理解されるのである。

しかし都市の全体性との関係で社会現象をとらえようとしたアメリカの都市社会学も、研究の発展とともに個別研究に没入し、都市の全体性とかかわる都市の理論との関係を次第に視野の外に置くようになっていた。パークの「人間生態学」やE・W・バージェスの「同心円理論」に代わる新しい理論が次々と提唱されてはいたが、広範な支持を得るにはいたらなかった。むしろ都市研究者は都市の理論から遠ざかり、個別研究に邁進していった。かえってアメリカの社会学の都市研究の大きな特徴が「無理論」にあるといわれるようになった。

奥井は晩年ドン・マーチンデールの「人は都市社会学のテキストのなかに、都市を創りだしている原理以外のものは、すべてのものを見いだすことができるだろう」という一節に言及しながら、アメリカの社会学が都市の理論について、きわめて貧弱であることを指摘している（奥井、一九六二a、一二）。それは、また、一九二〇年代のなかば以来、四〇年にわたってアメリカの都市研究に取り組んできた奥井のいつわらざる印象でもあったのだろう。

3　社会調査と地域調査

(1) 地域調査の方法

奥井の都市研究の特徴のひとつは、組織的な地域調査にもとづいていることである。奥井は都市研究をシカゴ学派から学んだといっても、それは人間生態学（群生態学）ではなかった。奥井がアメリカの都市社会学の研究から学んだものは、何といっても地域調査であった。かれは、F・ライデンの『大ベルリン』で取られている手法も、厳格な意味で社会調査とはいえないとして、C・F・ウェーアーの『グリニッジ・ヴィレッジ』でのニューヨーク調査を地域社会調査の代表的なものとしてあげている。さらに研究領域は異なるとはいえ、社会調査の技法を見せたものとして、R・カサディとG・H・オストランドの『小都会における小売り配給の機構』をあげている。

奥井はまず、人口一〇〇万人とか、五〇〇万人といった大都市が、なぜ出来たのかを研究しなければならないとする。かれは一九三〇年代に入ると、アメリカの都市社会学の影響を受けながら、東京の本格的な地域調査を開始する。奥井はその経験から一九三六（昭和一一）年に、早くも「地域社会調査に関する若干の考察」と題する論文を発表する。そこで奥井が選び出した都市の調査項目は、次のとおりである。①国民、世界経済における大都市の意義。②大都市人口の職業的構成および分析（その他人口状勢一般）。③市民層の研究（市民社会の性質、中間階級の研究）。④都市配給組織（生活費研究を含む）。⑤貧民研究（社会事業論）。⑥地域研究 (a)盛り場調査（娯楽機関、その他シヴィック・センターの調査）、(b)山の手・下町の研究、(c)工場調査、(d)ビジネス・センターの研究、(e)郊外研究。⑦交通調査および研究。⑧百貨店研究。

さらに奥井は地域調査を、次のように位置づける。かれにとって「地域」とは、ある統一性にもとづいて封鎖され、外部とは一応切り離された空間を意味する。つまり地域は行政区画（県・市・区・町）とは一致していない。では、地域について、何を調査すべきなのか。かれは地域調査が特定の地域のなかに含まれている社会集団とその生活様相を全面的にとりあげて、空間的な特殊性を俯瞰するものだとする。その際、社会地域――すなわちコミュニティ――とは、ひとつの社会体としての集団をなしている。

地域社会の性格を研究するには、その全体を「地理」「人口」「産業」「社会」の四方面から行なう必要がある。地域（社会体）の特殊性を描きだすには、①いかなる土地に、②いかなる人口が、③いかなる活動を行ないながら、④いかに生活しているのかを知る必要がある。その際、①地理、②人口、③産業・経済、④社会 (A)政治・行政 (B)教育 (C)宗教 (D)娯楽、が調査項目となる（奥井、一九三六 c）。

とはいえ、これらの事項に関する事実をいくら集めても、それだけでは研究は進まない。それには、これら事実が何を意味しているのか、を問題にしないわけにはいかない。換言すると、これらの事実の意味づけが必要となってくる。では、この意味づけを行なうものは何か。それこそが、「理論」なのである。社会的・経済的理論が、特定の事象を特定の関係で、語らせることを可能にさせるのである。その際、警戒しなければならないのは、理論が故意にせよ偶然にせよ、逆に調査を歪めるものとなってはならないことである。したがって、調査は多角的に吟味する必要がある。社会調査が社会科学における一方法として意義をもつのは、こうした社会経済的な全体的統一体の一環としてである。

(2)東京の地域調査

奥井は一九三〇（昭和五）年以降、もっぱら調査研究にのめり込んでいく。とくにフィールド・ワークには熱心に取り組んでいる。「大都市に蝟集する知識階級に就いての統計」、「大都市における知識階級の地域的研究」、「京浜工場地帯研究」、「東京市における工場分布の調査」、「大都市圏の決定について――東京都市生活圏の調査」、「『盛り場』に関する若干の考察」、「学生の日常生活における『動き』の調査」、「東京ビルディング街の発展に関する一調査」などが、休む間もなく実施される。また、経済学部の同僚であった経済地理の小島栄次教授と共同して、港区の三田地区を舞台にした「人口構成に現われた地域性」、「身分構成に現われた地域性」、「世帯構成に現われた地域性」、「有業者およびその業態に現われた地域性」をはじめ、「職業構成に現われた地域性」「鎌倉町の現代相」、「大都市の発展にともなう近郊社会の変質」などの調査が次々と実施された。この間、経済政策の藤林敬三教授と共同で現在、各大学で行なわれている学生調査の先駆けをなす学生調査を行なっている。

これらの調査に参加していた小古間隆蔵によれば、三田地区の調査では、調査対象は三万人を数えた。この時は三田警察署の協力もさることながら、集計もすべて手集計、そろばんだけが唯一の道具となっていた。計算尺さえ使わなかったという。その間、学生は黙々と作業を進めていた。調査に加わった学生のなかにグラフや地図の作成が得意な学生がいて、昭和一一年の春に慶應と早稲田で開いた日本社会学会の大会には、大いに展示効果をあげたという。だが、このような調査に熱中していることが、はたして学問的にいかなる意味があるのだろうか。学生の間にも疑問があったし、教授間にも批判があったという（小古間、一九六六）。しかし奥井の都市研究には、まず実態を知る資料をもたなければならないとする信念に揺るぎはなかった。小古間が強調しているように、今日では世間の常識と化している事実も当時は確認されていなかった。官公庁のデータも少なく、都市の実態を知るには、まず調査が必要だったのである。

しかし、だからといって、奥井はけっして統計的な調査データに過度に依存するようなことはなかった。原田勝弘は、奥井が都市を把握するのに、統計的な数値のゼネラリゼーションを行なうと同時に、パーソナル・ヒストリーやドキュメント資料の併用を追求していたことを指摘する。奥井は、フォークロア的ないし文学的手法を使ったW・A・スモールの「都市成立史」（『社会学研究入門』の第一章）を高く評価している。かれは、大規模な社会調査による実証的な研究の一方で、質的なライフ・ドキュメント的なデータを絶妙のバランスで折り込んでいる（原田、一九九六、四一二）。

こうした奥井の都市調査について、川合隆男は次のように位置づける。社会調査については、すでに明治期において松原岩五郎や横山源之助などによる都市下層社会の探訪調査にはじまり、農商務省など行政による細民調査、国勢調査その他の数多くの行政調査が行なわれていた。また、高野岩三郎などによる保健衛生調査、社会経済調査としての月島調査、権田保之助などの娯楽調査、大阪、京都、東京などの行政体による一連の調査、山口正の『都市生活の研究』、戸田貞三の家族についての統計的研究などが数多く試みられていた。これらに対して、奥井の社会調査は何よりも都市社会学の理論的考察に関連づけられた調査探究であった（川合、一九九九、一九〇）。つまり奥井の調査は都市の個別問題ではなく、全体像把握の一環として位置づけられていたのである。

(3) 日本都市学会の調査

奥井のフィールド調査は試行錯誤をへて、次第に確固たるものとなってきた。その調査法は参加した学生たちにも受け継がれていく。小古間隆蔵はこの時の経験が、戦後になって東京市政調査会で手がけた数々の調査において、その段取り、所用日数、労力、経費の見積もりなど大いに役立ったと述べている。小古間は首都圏構想に十数年も先だって、奥井研究会が大東京の生活圏の総合調査を行なっていたことは、大きな誇りだという（小古間、一九五六、九八）。さらに、そこでの経験が、日本都市学会の浜松市総合調査、北九州市長期総合計画調査、国民生活研究所の名古屋市調査、地域開発研究所などの各種の調査へと継承発展していくのである。

奥井は総合的調査や総合計画が、二〇世紀半ばの課題であるという。一九世紀の専門分化の過程を受けて、次の課題は諸分野の統合だという。そこで、全体との関係はどうかということで「関係論」が出てきた。人間関係、社会関係、産業関係、国際関係など、何よりもリレーションというものが流行している。ジェネラル・エデュケーションやエリア・スタディーズ（地域研究）が盛んになっているのも同様の現象である。

しかしかれは、総合性の論理に十分なものがあるとは思えないと主張する。実際には総合的調査と称し、あるいは「全国総合開発計画」と称しながら、その内に十分なる総合性の体系が確立しているかというと、必ずしもそうとは思えない。しばしばセクショナリズムの弊害が指摘されるが、それは総合的なものが、実際には、数多くのセクションの集合体にすぎないことを表している。つまり全体との関係で整理が十分に行なわれていないということである。現実は多種多様な調査結果が複雑多岐、ゴッタ煮のようになっている。しかしこれらが、なんらの体系的説明を生み出せないとすれば、総合的研究とはいえないのである。カンや腹芸による総合が、科学的分析と同一結果であったとしても、カンや腹芸をもって「科学」だということはできない。奥井はさまざまな調査の「総合」に心を砕いていた。

そうしたなかで、日本都市学会をあげての大規模な調査となったのが、北九州市調査であった。北九州市長期総合計画（マスタープラン）は、学者のもつ能力が行政によってためされる機会となった。一年間にわたって学者と行政マンが一体となって研究し続けた。奥井は会長として積極的に活動する。かれが会長に就任してから答申を終えるまで、諸会議、視察、講演のため現地を訪問すること一二回、前後の旅程を別にして延べ二〇日に及ぶ日数を現地との関係に費やしている（小古間、一九六五、二一）。

4　都市地域構造論

(1) 都市の物的形態

都市は人口の増加とともに、水平的にも垂直的にも拡大する。一定の面積には居住人口の飽和点がある。これを越えると、人口は外側にあふれ出す。都市は外側に向かって拡大していくのである。明治二一年の東京市の人口は、一三〇万人であった、それが、二〇年後の同四〇年ごろには二〇〇万人に達している。その後、東京は日露戦争後と第一次世界大戦後の大正末期に急激な発展を遂げる。東京の市街地は市区の範囲をはるかに越えて広がっていた。このため東京市は一九三二(昭和七)年に、隣接する八二町村を合併し市域の大拡張を行なう。東京市の人口はそれまでの二〇七万人に、周辺の二九〇万人を加えて四九七万人となった。これにともなって、東京市の人口は、一九二四(大正一四)年の市域拡張で東京の人口を凌駕していた大阪市を抜いて、再び日本一となる。さらに東京市の四九七万人という人口は、ニューヨークに次いで世界第二位の人口をもつ都市となる。東京は文字通り、世界の大都市となった。

東京の市域拡張は、大正の末以来の市街地の急激な拡大を追認するものだった。明治から昭和へと東京は大きく変わっていた。この間、東京の市街地は半径四キロから約二〇キロにまでに拡大した。奥井は同じように東京といっても、明治の東京と昭和の東京は別の段階に属する都市だという。明治期において、東京の市街地の形態は東北型であった。これに対して、昭和になるとその形態は西南型となる。その変化をもたらしたものは、交通網の整備である。

明治の東京の交通機関といえば、路面電車だった。一九一九（大正八）年には、いわゆる市電が旅客輸送の七八・五パーセントを占めていた。しかしその年には、中央線が東京駅に乗り入れ、中央線による通勤が可能になった。また、一九二四（大正一四）年には、山手線が循環線となってている。さらに京浜鉄道、東武鉄道などの郊外鉄道の建設がはじまり、一九二七（昭和二）年の小田急線の開通へと続いていく。鉄道網の整備と平行して、バスの輸送網が発達していく。これにともなって、明治年間に旧東京市内一五区の、路面電車での現象であったラッシュ・アワーが、大正年間には山手線など鉄道省の路線にも見られるようになっている（奥井、一九四八b、九三）。

丸の内のビルディングは一九二一（大正一〇）年から一九二五（大正一四）年にかけて、飛躍的に増加する。ビルディング街の発展は都心を形成する。ここでは、当然、職場と居住地が分離する。そこで、通勤が問題となる。巨大なビルディングで働く人のすべてが郊外から通勤するのではない。しかし東京のビルディング建設に象徴される経済の発展は、一面で東京の住宅難の歴史である。こうした発展にともなって、商業の中心も移動した。明治の東京の中心点は、須田町―日本橋であっ

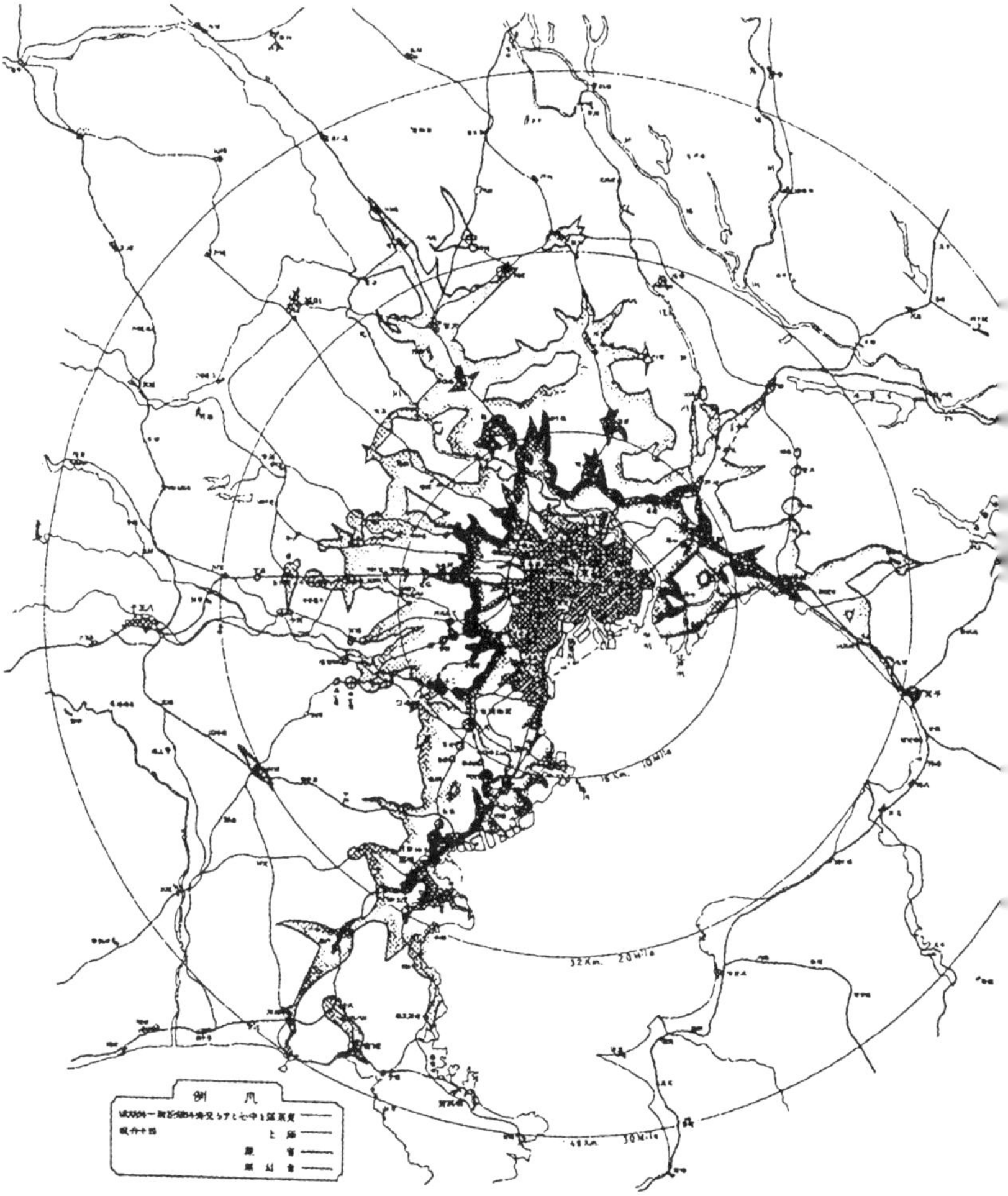

図　東京を中心とする等時間距離交通図

東京駅を起点にした交通時間距離で、40分以内の等時間線と、1時間以内の等時間線とが、それぞれ描かれている。奥井が暮らした葉山は、東京駅から30マイルを示すもっとも外側の同心円のほぼ線上にあり、この図の左下の隅に位置している。

出所）奥井復太郎、1940、『現代大都市論』有斐閣。

た。神田須田町は、当時まさに「都に名高き須田町」であった。しかし大正期をへてこの中心は南下し、今日の銀座がそれに代わるにいたった。同時に、銀座八丁の中心も南下の傾向を見せている。

商店の発展には、経営の大規模化と合理化が不可欠である。大商店はいうにおよばず、中小の商店においても合理化が進められる。それが都心の商業地域で行なわれると、店と「オク」との分離になり、店が純粋な営業所となる一方で、店主とその家族が山の手や郊外に移住する。

ビルディング街の発展や商店の店と住宅の分離は、住宅地の発展を招来する。大正のはじめには、山手線の沿線地域が、郊外となっていた。しかし今では、東京駅より半径十キロ圏の土地はすでに住宅地化しているので、郊外はもっと遠方を指すようになっている。その際、郊外がどのくらいの距離にまで及ぶのかは、交通機関の整備による。高速の交通機関の整備いかんでは、かなり遠方の土地までが郊外化している。なかには飛び地的に郊外が発展することがある。とくに湘南の鎌倉や藤沢は、東京や横浜の郊外と考えてもいいだろう。もともと鎌倉は、相模湾に面した農漁村であった。それが横須賀線の電化によって急に東京の住宅地となっていった。市街地と田園との接触地帯としての郊外は、人口一〇万、二〇万人級の都市においても見られる。しかしいわゆる郊外現象というのは、現代大都市（ことに人口一〇〇万級の都市）の現象なのである。

(2) 都市の中心地域

奥井は都市の中心地域の構成を研究する際に、丸ノ内の企業の数や資本金、また兜町での証券の取引額を考察しただけで満足してはならないとする。都市社会学の立場からは、これに付随するさまざまな現象を観察しなければならないことに注意をうながす。人間の生活には、その活動がもっとも「社会的」なところ、すなわち対人的接触がもっとも頻繁で、かつ複雑なる場所が存在している。その典型的な例が、ビジネス・センターとその周辺である。ここには、この地点を目指して集中するさまざまな交通機関がある。大都市の中心には、旅客輸送機関の終着駅がある。

ビジネスとならんで都市の中心を構成しているのが商業である。商業は集中する傾向をもっている。というのも、商業は購買力をもった人びとの集合するところに発達するからである。これに対して、工業は分散的である。工業はその原料、燃料、労働力の調達や商品の流通に便利な場所を求めて移動する。しかし商業は集中するといっても、商業人口は都市人口の三割程度である。だが、大都市では分散する傾向のある工業も、小都市ではかえって集中することがある。信州の岡谷では、工業人口が八割にも達している。

人びとの出合うところに、中心地が発生する。カーペンターは都市の中心を、第一に小売商業、第二に飲食店街、第三に行政や文化的中心としている。D・マッケンジーは、この中心地の形成を商品の購入、つまり買物に求めている。奥井は商家に育った。それだけにかれの商業を見る目は鋭い。かれは商店街について、さまざまな角度から一三回にわたって『経済財政時報』に連載している。

東京の商店街には等級があり、分業関係をもっている。まず、都心には一流の小売店が集まる商業の中心地がある。次に、旧市内には副次的な商業の中心地が散在している。また、最近急激に人びとを魅きつけているのが、渋谷や新宿など郊外への中継点となっているところである。さらに郊外の新開地にも、新しい商店街が形成されている。これらの商店街はさまざまな観点から等級をつけることができる。アメリカの研究でも、中央商業区、中間商業区、外側の中心商店街、路線的商店街、市場、郊外地店舗、散在的店舗とにわけて、各々その特色を研究している。

奥井は一般的に商業関係の問題について、詳細な調査や探索が行なわれていないことを指摘する。行政も商業関係については、十分に把握していない。したがって、商業関係については普通の調査によってなかなか所期の目的を達成できない。商業関係の調査においては、すぐに営業の秘密だとして口をふさがれてしまう。たとえば百貨店の無料配達区域は一種の勢力圏を表わしていると考えられるが、どの方面に、どのくらい広がっているのかわからない。湘南の地を調査するにあたって、もっとも困難だったのが、商業勢力圏の確定であった。商店街の等級づけには、商業の勢力圏の広狭が最良の標識となる。

東京の人びととの生活の実態は、行政区画とは一致しない。鉄道や自動車の路線が市街地の形成に大きな役割を果たしている。奥井は東京人の重層する生活圏を、百貨店無料配達区域、新聞の市内版配達区域、電話加入区域、速達便配達区域などの社会的要素や市街地建築物取締法、借地借家法、都市計画法などの法律的、行政的要素の分析を通じて明らかにする。

(3) 郊外社会論

奥井は一九一五（大正四）年、大学部の予科時代に父の病気のために品川の南にある大森に転居する。一九一八（大正七）年には、さらに鎌倉に隣接する葉山の田園地帯に転居する。奥井は一時期を除いて、終生この葉山から三田の慶應義塾に通い続けるのである。当時としてはめずらしい遠距離通勤者であった。かれは車窓から郊外の形成を眺め続けたといっても過言ではない。したがって、郊外への関心も人一倍強かった。

奥井は一九三〇年代の初頭に、知識階級の居住地に関する調査を行なっている（奥井、一九三三e）。その結果、知識階級が明確に、いわゆる郊外の新住宅地か旧郊外に居住しているとする数値を得る。

ところで、郊外といえば、何よりも住宅地を意味する。東京の山の手は官吏の住宅地である。東京で官吏の住所といえば、まず麹町、四谷、赤坂、牛込、麻布などいわゆる山の手である。そのなかでも軍人は牛込や麻布に多く、大蔵省や内務省の官吏は小石川や麹町に多い。官吏の住所はその後、千駄ケ谷、渋谷、大久保などにも広がっていった。奥井は役人が山の手に住むのは、山の手の高台が下町のように狭苦しくなく、空気も眺望もよく広々としており、それでいて相対的に家賃が安いからだという。しかしそれと同時に、子供が通学するのにいい学校があることを指摘する。さらに役人は小さくても門と植え込みのある庭をもった屋敷風の家でなければならない、といった風潮も原因のひとつだと述べる。役人はともすれば屋敷風の家に住まわなければ、威厳が保てないと考えがちである。

家賃は夏目漱石の時代から郊外の方が安かった。この意味では、郊外への進出は、経済的原因にもとづく逃避とも見られる。しかし郊外の発展はかならずしも、経済的な問題によるものばかりでなく、かえって高級な住宅地となっているところも多い。むしろ郊外は中産階級的で、有識無産階級のつつましやかなる庭をもった住宅地として形成されていった。都市の市街地から外側に広がる郊外は、市街地と田園の接触点である。ここで奥井は社会科学的資料に加えて、夏目漱石、永井荷風、田山花袋、久保田万太郎などの小説家の文章のなかに郊外生活のありかたを見いだしている。

そのなかで、奥井はとくに郊外の変化に着目する。今の郊外は都心に通う人が地代や家賃が安いから住むところとなっている。これに対して、以前の郊外は、都心に用のなくなった人が住むところだったという。当時の郊外は今日の郊外とはちがっていた。以前の郊外は生活の本拠ではなく、下町住民の控宅であり、その意味では別荘地であった。今日のような都市に勤労する市民の在住の場所ではなかった。以前は郊外と都心とを結ぶ交通網に欠けていたし、その必要性もなかった。帝国大学の教授が退職後に本郷や千駄木にある家を売って、引退して世田谷に住むといったことが行なわれていた。郊外は隠棲的に住むところだったのである。当時は高輪ですら、郊外といわれていたのである。奥井は葉山に引っ越す前に大森に住んだ経験から、今は市街地となっている大森が別荘地的性格の場所だったという。

奥井は葉山からの通勤途中の鎌倉が、東京の住宅地となっていくのを目の当たりにしている。とくに一九二八（昭和三）年に横須賀線が電化されて以降、東京への通勤が便利になったため鎌倉の住宅地化は急ピッチで進んでいた。このことが、かれを鎌倉町の調査へと駆り立てていった。奥井は鎌倉町での郊外調査の準備として「鎌倉町の現代相」（奥井、一九三九ａ）を書き、郊外を位置づけた後、フィールド調査に入っている。その結果は後に「大都市の発展に伴う近郊社会の変質」（奥井、一九三九ｍ）としてまとめあげられている。大都市は居住地と職場の分離をもたらし、住宅地としての郊外地を生み出していく。郊外は、いわゆる定期通勤客の地域である。したがって、郊外の生活は次のことばに表現されている。郊外は「毎日朝は七時四五分の列車に乗って町を出て、夕方は五時半着の列車で夕刊新聞をもって帰ってくる」（奥井、一九四〇ｍ、三七四〜三七五）生活が行なわれるところである。この通勤現象がラッシュ・アワーを生み出すのである。通勤現象は、また定期券の利用と密接に関係している。郊外の特徴は何よりも都心への通勤なのである。

5　都市社会論と都市文化論

(1) 盛り場論

われわれは仕事にかこつけて遊ぶ風習を、いわば封建的慣習としてもっている。用談の後で一杯飲んだり、葬式の帰りに二次会をしたりする。これは、公然と遊びを享受できない時代の産物である。その点、現代は「仕事は仕事、遊びは遊び」として、明確に区別されるようになってきている。とくに都会では、この区分がはっきりとしている。余暇や娯楽の享受は、都会において当然のこととされている。

都市には、ビジネス・センターが仕事の中心地として形成される一方で、遊びの中心地も形成される。それが、盛り場である。人間にはつねに斬新さ、好奇さを求める心理がある。これが人びとが「盛り場」を生み出す要因となっている。昼間、仕事に疲れた人びとは、娯楽によって気分転換をはかろうとする。したがって、娯楽施設は盛り場の中心的な役割を果たしている。それどころか、奥井は盛り場それ自体が、ひとつの娯楽施設だとさえいえると述べる。この点で、盛り場は現代人のクラブのようなものとなっている（奥井、一九三五a、二六）。

当時、盛り場の研究で注目をあびていたのが、石川栄耀である。かれは盛り場の機能を、人びとが商店街を歩く時に受ける「慰楽性」に求めた。都市民は機械化された昼の仕事の反動として、外での散策を欲する。かれらは、飾りつけられた商店を眺めることで、やすらぎを得るのである。奥井は石川の指摘したウィンドウ・ショッピングのもつ慰楽性に注意を喚起している。

都会人は定期的に、盛り場に出かけ、その散策を楽しんでいる。盛り場の商店街は大衆の慰楽の場所となっている。今日、市民は近くの緑地や公園、川辺や林間などに出かける一方で、都会的な刺激を求めて、盛り場の商店街に集まってくる。このような観点から、奥井は商店街をたんに経済的な問題としてばかりでなく、社会学的な問題として観察すべきであるとする。

東京の都市としての発展は、人びとに解放感を与えるのに大きな役割をはたすことになる。明治の東京はまだ江戸の延長というべきものであった。奥井は明治の東京と今の東京の大きな違いが、人間の解放にあると主張する。永井荷風は『濹東綺譚』で、盛り場に変装して出かけていく話を書いている（奥井、一九五九ｃ）。ここで主人公は自分の住む町内集団の規制が及ばない盛り場に、ストレンジャーとして入り込もうというのである。大都会は匿名の世界であり、人びとは外見によって判断される。しかも人びとは貨幣を介して他者と接する。そこで、人びとは日常生活からの解放感を享受する。原田勝弘は当時すでに、何を買うという特定の目的を持たないで、商店街をブラついて、慰みを得ようとする現象が出現していたことを指摘する（原田、一九九九、二一一）。奥井自身もその「慰楽」を日常的に享受していたのだろう。

人びとは盛り場に、新たな刺激を求めて集まる。人びとは周囲に気を止めながら、盛り場をブラつく。こうして盛り場を楽しむ人の歩く速度は遅い。当時の都市民は、盛り場の雰囲気を日常的に享受するようになっていた。都市生活は強い倦怠感や独特の疲労感を生み出し助長する。したがって、都会にはそうした気分を、強烈な刺激によって慰めようとする試みが出てくる。そこでは、官能的な刺激が生み出される。それを象徴するのが、近年の尖端的、エロ、グロ、モダーンなどの社会現象なのである。

昭和初期は〈エロ〉〈グロ〉〈モダーン〉〈尖端的〉〈一九三〇年型〉〈ネオン・サイン〉などで表現される奇抜な都市の風俗や文化を生み出した。しかし奥井は注意深く、これらの現象の背後にある社会組織や経済組織の活動に注意をうながす。かれは現代の都市現象がその根幹で商業主義と資本主義と密接に結びついていることを指摘する。

⑵都市的人間

農業は激しい肉体的消耗をもたらす。このため農民は日々の農作業を行なうだけで精一杯となり、一般に文化や知識を発展させるだけの余力を残していない。農民はきびしい農作業のなかで余裕のない生活を送っている。これに対して、都会は余暇に富んでいる。勤労生活者でも有閑階級ばりの余暇を楽しんでいる。農村では、娯楽が労働と何らかの形で関係している。農村の社交や娯楽は年中行事に密接に結びついている。これに対して、都会では、社交や娯楽が勤労生活から独立しており、別のものとなっている。

農業はまず自然との戦いであり、他人と接触する機会は少ない。したがって、農村の人が社交的な性格となる可能性は少ない。むしろ農民は他人に対して、〈排他性〉と〈閉鎖性〉を示すことになる。これに対して、都会人は社会との戦いであり、他者との接触が頻繁である。このため都会人の性格は〈社交的〉であり〈開放的〉となる。都会人は人づきあいがよく、農民は人当たりが悪いといわれる。しかしその一方で、農民の社交の範囲は狭いけれども、その関係は深いものである。これに対して、都会人の社交の範囲は広いけれども、その関係は浅いものでしかない。

都会の人間の反応は素早く、農民の反応は鈍いといわれる。都会的性格とは一般に、抜け目なく活発で、機知に富んでいるとされる。これに対して、農民的性格とは、鈍感、鈍重で、気のきかないのが農村的であるとされる。農民の視野は狭いのに対して、都会人は八方睨みとされる。農村の変化が緩やかであるのに対して、都会の変化はめまぐるしい。農民の生活態度は〈保守的〉〈全体的〉〈生物的〉であり、その意識も「非合理的」「迷信的」である。これに対して、都市民の生活態度は〈革新的〉〈部分的〉〈機械的〉であり、その意識も「合理的」「科学的」である。

ところで、農民は一般に外部からの来訪者に、強い警戒心を抱いている。とくに立派な身なりの人には、恐怖に近い不安をもつことがある。というのも、農民には外形からものごとを判断し、評価することに慣れていないからである。このため相手が何者かを、すぐには判断できないでいる。これに対して、都会人は日常的に未知の人間と接触している。都会の人間は、ことごとく未知の人々である。たとえ、知っている場合でも、田舎の人がもつ知識に比べれば、ほとんど知識をもっていないといってもいいほどわずかなものでしかない。たとえば、日頃親しくつき合っている隣人、同僚、顧客、店員などについてすら、わずかな知識しかもっていないのが普通である。もし、都会人が関係する人の全員の内的な価値を知ろうとするなら、その生活は破綻に陥ってしまうだろう。そもそも生活上の便宜で接触する人びとに、内的な価値を求めることなど不必要なことでしかない。

隣人や同僚にも、あまり関わらなくてもなんら差し支えることはない。顧客と店員はどちらにとっても商売を介して接していれば、それでいいのである。

都会では、匿名性が前提となっているので、未知の人間と出会っても別段驚いたりしない。しかし相手が何者かを判断する必要がある。そこで都会人は、相手が誰かを判断する方法を発達させている。ここに人間の「型」の問題が出てくる。そもそも、どんな人間も、政治家型、実業家型、技師型、事務員型、銀行員型、教師型などの職業的な「型」をもっている。都会人は眼前の人物について、ひとつの型を看取すると、それに応じて先験的に概念をつくりあげ、瞬時に相手を判断する。都会人は表面的なことばや態度などで、相手を判断するのである。この意味では、都市は本質的価値が問題とならないところなのである。

(3) 都市的性格と病理

都会人の生活態度はしばしば非難の的となっている。とくに貨幣万能主義と独善主義は、ことの善悪は別にして、都会人に特徴的となっている。これには都市での生活のあり方が深くかかわっている。農村での生活の改善は自家栽培、自家修復、日用物資の生産などによって行なわれる。これに対して、都会の生活の改善は他人に依存せざるをえない。都会では生活の改善が、他者に対する支払い額の増加によってなされるのである。都市民は所得の大小にかかわらず、専門の組織に依存して生活している。生活のすべての側面で専門の組織に依存しようとすれば、十分な所得がなければならない。

したがって、所得が都市生活者の第一の関心となる。「寄ると触ると月給の話ばかりしている」とは、市民生活の端的な表現である。挨拶代わりに「ドウです儲かりますか」というのも、同じことの表現である（奥井、一九四〇h、四八九）。都会では、生活の快適性はもっぱら貨幣によって確保されているといっても過言ではない。

この貨幣万能主義とともに、都会人の大きな特徴となっているのが、独善主義である。都市のように大規模で複雑な社会においては、秩序の維持に多種多様な統制が必要となる。こうした観点から大都市では、さまざまな制度が作られている。都会は田舎と比較して、制度化された規則が実に多くなっている。都市生活はさまざまな組織と制度のなかで営まれている。あらゆることに専門的な社会組織が発達している。したがって、都会の家族は伝統的な機能の大部分を喪失している。都会人は機能的に決められた規則に律せられる以外に、「全人格的」な拘束を受けることはない。都会が自由であるというのは、このためである。この自由さの裏面が、独善的生活態度となるのである。

都市生活はおびただしい規則によって秩序化されている。換言すると、都市はひとつの制度社会であり、制度的規律にもとづかねばならない「生活体」なのである。都市では、こうした制度がある以上、個人的な善処の必要がないことになる。たとえば、住民生活にかかわる問題は市役所にまかせていればいいのである（奥井、一九五二h、四八九）。しかしこうした態度が、都会人が非人情と見られ、都会の人間関係が非難される原因ともなっている（奥井、一九四〇h、五〇六）。このことが先の貨幣万能主義と結びつき、都市民を酷薄不徳の人間のように見せているのである。

ところで、奥井は刺激にみちた都市生活と単調な農村生活という一般に流布されている命題には再考の余地があるという。都会人は毎日あたかも時計が刻む秒針にしたがうかのように、機械のように同じような活動を繰り返している。これに対して、農民は四季の推移にしたがって、実に変化に富んだ生活をしている。都会の生活には目先の瞬間的変化があるので、単調でないように見えるだけである。したがって、一度、この単調さに気づくと、病的になるほど憂鬱になる。それが佐藤春夫のいう「都会の憂鬱」だというのである。しかも一度この憂鬱に気づくと、その憂鬱はますます進行する（奥井、一九四〇h、五三〇）。

都市での生活は、人びとに複雑な生活態度を要求する。ひとりの市民の複雑性は、都市の複雑性の反映にほかならない。しかしすべての人が複雑な役割に応えられるわけではない。この役割に対する不適合現象が、都会人の「反社会性」となって現れる。この反社会性は都市社会の大きな特徴のひとつとなっている。都市では、個人の道徳感の希薄化、機能的生活のなかでの欺瞞性が見られる。自分の家は汚さない人でも、道路や車内を汚しても平気だったりする。都市はすべて「制度」の世界である。しかし人間は実際の状況とかけ離れた制度や規則に直面すると、これを無視するのに慣れてしまい、かえって反制度的、反規律的な態度を生み出していくこととなる。

都会人の生活は、一般に科学的だとされている。ところが、都市民の内面を分析してみると、この科学性とやらもすこぶる怪しいものであることがわかる。これをうまく利用しているのが、都市で活発に見られるようになった広告である。広告は商業主義に不可欠なものとなっている。しかし広告はやたらと、科学の名を語りながら、何かにつけて効能や効果を過大に宣伝する。奥井は当時の広告のあり方に、強い反発を示している（奥井、一九四〇h、五三二）。

奥井はドイツでの生活で経験した広告と、日本の広告を対比させる。かれがベルリンで見た広告は、地味なアナウンスメントであった。いわば「お知らせ」であった。ところが、日本では田舎まわりの外国歌劇団の来日にも、世界一の歌劇団と銘打って、大げさな「宣伝」をするありさまである。これでは、広告があたかも内容のないものを、内容があるかのように宣伝する手段となっているようである。こんなことでは、広告がものごとを誤認させるためにあるのかと疑いたくなる（奥井、一九四〇h、五二五)。奥井は広告が商業主義や資本主義のもとで誇大なものとなり、人びとにものごとの本質を見誤らせかねないことに警鐘を与える。奥井は当時の広告のあり方にきびしい非難を加えている。このように、奥井は都市と農村をつねに複眼的に見ており、どちらがすぐれているとするような単純な評価を避けようとしている。

(4) 都市共同体と市民意識

人びとは都市を、生活の場所として意識している。都市生活者は、顕在的にも潜在的にも市民意識を有している。しかしここでいう市民とは、いわゆる都市の自治体が主張するような市民観念ではない。都市生活者は必ずしも市役所が唱導するような市民意識をもっているわけではないのである。市民は市役所に忠実であると否とにかかわらず、市民なのである。都市では、だれもが市民として生活している。奥井はこの意味で、市民を考える必要があることを強調する(奥井、一九四〇h、四六九)。

都市は異質な人間の集まりから成り立っている。このため都市では、反発、乖離、衝突、抗争などの現象が日常的に発生することは避けられない。しかも都市生活の社会的基礎は〈分業〉と〈専門化〉であり、そこは「複雑性」と「選択性」の世界である。社会の発展につれ組織は複雑で精巧なものとなる。そこでは、万屋《よろずや》が専門店の集まりとなるように、組織の特殊性が都市性の標識となっている。社会が大きいほど、組織化の可能性が広がっている。よく耳にする「広いようでも世間は狭い」ということばは、逆に都会人がいかに世間の「広さ」を当然のこととして生活を営んでいるかを表している（奥井、一九四〇h、四八九）。

都市社会は激しい動きを内包しているばかりでなく、貨幣万能主義、独善的態度、認識の表面性、非人情などといった特徴をもっている。しかしそれにもかかわらず、人びとは都市で共存しながら生活を営んでいる。奥井はこの点に着目して、都市生活を国家のなかで形成されたひとつの文化的な「生活態度」であると主張する。

都市はさまざまな道徳的批判にもかかわらず、ひとつの「生活共同体」をなしている。つまりある生活態度をとる一集団が都市社会を形成するのであり、それが都市的共同生活となっているのである。しかしその際、注意しなければならないのが、われわれの取り扱う都市社会とは、けっして法制的、行政的に組織された「地方自治体」のような共同体ではなく、むしろその〈基底〉をなす実態的な生活共同体なのだという。都市社会はその基層となっている深い社会関係によって生み出されている。奥井はそこに市役所の唱導する市民意識とは異なる、都市生活者としての真の「市民意識」が生み出される余地があるという（奥井、一九四〇h、四七二）。かれは、ここに、地方公共団体としての自治とは異なる真の「自治」が生み出される可能性を見ていた。

ところで、われわれはこの奥井の基層の社会関係と市民意識に関する議論の背後に、都市を一つの心の状態（a state of mind）だとしたパークの影を見いださざるを得ない。パークの人間生態学によれば、人間はまず共棲にもとづくコミュニティを形成する。人びとはそこでの競争（competition）を通じて、次第にコンセンサス（consensus）を獲得していき、ソサエティを形成するようになる。奥井はこのソサエティに「市民意識」を重ね合わせている。

日本における市民意識の欠如は、戦後大きな問題となった。市民意識の涵養は戦後民主主義の大きな課題とされた。もちろん日本の都市にも、市民意識らしきものがなかったわけではない。わが国では、市民意識が江戸っ子といったかたちで表現されてきた。江戸の町民意識は、将軍のおひざ元といった観念で高揚されてきた。町人は江戸の住人ということで、強い共属意識をもっていた。奥井は、はたしてそれは市民意識であろうかと問う。かれはそれを、たんなる郷土意識の発揮ではないかという。奥井はここに、わが国の市民意識についての課題があると述べる。

奥井は戦後の市民意識の議論にしても、市民生活の問題というより、むしろ地方自治体の行政・経営論上の課題から議論されていると主張する。これに対して、かれは、都市がまず市民の共同生活の場であり、このことは市民が共同責任をもっていることを意味するという。したがって、市民意識とは何よりもこの「共同責任」の意識にかかわる問題なのである。だからこそ、都市社会はその基底にかかわる深い社会関係に根ざさなければならないのである。それが、また、都市計画の主体ともつながっていくと見ていたのである（田中、一九九九）。都市においてもっとも重要な点は、生活のあらゆる出来事に共同して責任をもつ点である。かれはこうした観点から、市民意識とはまさに、この共同責任についての意識にほかならないと考えていた（奥井、一九六三b、六〜八）。

6　町内会と地域組織論

(1)町内の解体と町内会

商人の家に育った奥井にとって、町内の問題を論じることは、自らの生活の原点の確認であり、そこからの離脱の過程でもあった。かれは、町内の問題に何度か触れている。かれはいわゆる「町内」を、職・住・遊の地域的統一と見ていた。しかし町内は時代とともに大きな変遷を遂げることになる。

奥井は東京での下町生活が、明治の末期にいたるまで、だいたいにおいて江戸的性格の延長ないし継続的な性格を強くもっていたという。それはたんなる江戸の残滓であるという程度のものではなかったとする。新しい時代の動きは、明治年間に着々と力を増していた。したがって、江戸的継続と称せられるものも、実際には江戸の形骸であったかもしれない。しかしこと住民生活に関しては、この形骸に即して営まれていたのである。下町では、町内が生活の単位であった。

町内では身分を離れた人格、一般的人格、基本的人格といったものは認められていなかった。町内では「向こう三軒両隣」の眼が光っていた。山の手と下町は今日のようにたんなる機能的な地域区分ではなかった。それは何よりも、身分的区別を意味していたのである。祭礼は町内集団の意識を高揚させた。神田っ子、芝っ子、深川っ子といった意識が生み出されていた。それをさらに高めれば、江戸っ子というコミュニティ・スピリットの高揚にもなった。それが、明治東京の下町精神である。

しかし町内集団の世界は、その空間的広がりにおいて狭小であったばかりでなく、知見においても同様であった。移動範囲も、徒歩か、人力車の範囲だけにかぎられていた。なかでも、とくに女性は狭い世界で生活していた。したがって、町内から出たことのない人が電車や汽車に乗って外に出ると、あまりに違う世界を見るので、酔って気持ち悪くなるありさまである。奥井は乗り物酔いに、たんなる揺れによる気分の悪さ以上のものを認めていた。

しかしその町内にも、確実に国家が影を落しはじめる。奥井は、永井荷風の『花火』に言及しながら、その様子を論じる。私ども明治に育った時には、天長節があり、紀元節があって、国家の大事だと思ってお祝いしたわけではない。国旗を出せば景気がいいから出した。お国の祭りというのは、私ども庶民の楽しむ日なのです。別にこれを祝わなければ日本国が滅びるとか、亡びないとか、そんな重要な意味をもっていなかった。ただ、ただ、楽しかった。しかし明治のなかごろから官僚主義や国家主義が台頭してきた。おれは戯作者になって、こういうおっかないことから手を引く。『花火』というのは、そういう作品です、と（奥井、一九五九c続、一一）。

大正期になると、その町内が劇的に変化する。大正期の東京の急激な発展は、明治東京の崩壊、下町の壊滅という事態を招来する。過去の伝承は合理主義の旗印のもと、野蛮な慣習でしかなくなった。町人の山の手への移動とそれにともなう通勤によって地元性は消滅し、近隣集団は崩壊していった。隣人は他人となり、かつての社会的圧力は皆無となった。雇用関係も純粋な経済的な契約となっていった。つまり大正期は東京から江戸の形骸を徹底的に破壊していったのである。大正年間はわずか十数年という短期間であったにもかかわらず、伝統的町内生活からの解放期としての役割を十分に果たした。この意味で、大正期は、わが国の都市生活史上において特筆すべき時代となった。明治東京の代表的市民は、下町の商人と職人である。これに対して、昭和東京の代表的市民は広義の勤め人、軍人、教師、会社員である。下町は地元性、伝統性、商人道などをもち、明らかに山の手との間に相違がある。こうして町内精神の拡大としての東京精神も失われていった。奥井は荷風の『日和下駄』が、大正のはじめの東京の佇《たたず》まいを残しておこうとする試みだと述べる（奥井、一九五九c、一二）。

⑵戦時体制と町内会

近代的行政は中央の官制や機関が整えられれば、あとは自動的にうまくいくと考えられてきた。しかし実際には、各地で公的組織の欠陥や非能率が露呈し、十分な効果をあげることができなくなっていた。市民の生活厚生、福利増進、治安保民には、何よりも市民の生活の実態を知らなければならない。そこで、市民生活の実情に即して、実行に当たる分権的組織の結成が望まれるようになった（奥井、一九四〇h、六八八）。ここに最小の地域組織として、町内会結成の意義がある。奥井は一九三八（昭和一三）年「町内会組織の現代的意義」を発表するなど、町内会組織に深い関心を抱いている。

町内社会の解体は、やがて町内にさまざまな問題をもたらすことになる。そこで、かつての町内社会の役割をもつ地域組織を再び町内に結成しようとする動きが各地で出ていた。そうした動きを加速させる契機となったのが、関東大震災に際して形成された自警組織だったのである。町内の解体は町内の自助組織としての「町内会」を必要とする事態を生み出していた。町内会の結成が検討されたのは、市民の身近な福利厚生や治安の維持などに、近代的な大組織が十分に対応できなかったためである。そこで、町内会といった町内の問題に柔軟に対応できる小規模な組織の必要性が痛感されるようになった。これに大陸での戦闘拡大を反映した国内での支援の必要性が加わってくる。

奥井は率直にこういう組織が、隣保協同の風習の失われてきた都会に出てきたことは好ましいことだとする。今日のような状況下でなくとも、われわれは生活地区の基盤の整備を行なうべきである。生活地区の基盤の整備は、個人的に実施しても、あまり効果が期待できない。したがって、ここにどうしても、最小の集団による生活地区での生活設計が必要となってくる。生活設計の共同には、住民の協力が不可欠である。これには、市民の自主的な協力が第一であるが、自発的な協力が不可能な場合には、共同性への参加を要求せざるを得ないという。

昭和一〇年代になると、時局を反映して町内会・部落会などの整備が全国的な課題となる。町内会整備運動には政府の意向が反映していた。しかし問題はたんに時局的なものばかりでもなかった。むしろこの運動には、大組織を隣保組織として運用する際の欠陥が一般的にも認識されるようになってきたためでもあった。

ところで、都市では、かつての隣保協同の制度が消失している。これは、隣保共同の組織が住民の移動や生活利害の多様化といった変化に対応できなかったことに起因している。この点を踏まえないと、せっかく町内会を組織しても、町内会を維持するのは容易なことではない。現在の都市は商人と勤め人、役人と職人、富豪と貧乏人といった者が混住している。このため町内会を組織しても、よほど根気よく共同性を説かないかぎり、協力一致の実をあげることはできない。

現在、都市で隣保組織を作るといっても、生活地区の社会的、経済的な生活基盤が大きく昔と異なっている。したがって、かつての農村社会や町内の組織を今日に当てはめることはできない。現在の都市はさまざまな生活をもつ人が雑居している。しかも都市においては、農村のような定着性がない。したがって、新しい隣保組織は、この移動性を前提として組織しなければならない。奥井は町内会の近隣親和の機能を評価する一方、その画一的な組織化には大きな危惧を抱いていた（奥井、一九四〇h、六八五）。

町内会・部落会は一九四〇（昭和一五）年、内務省の訓令で「制度化」される。その後、戦時色が強まるにつれ、地区生活者の治安保民と福利厚生に関する町内会の活動は活発化する。しかし移動と生活条件が異なる町内の協同は、きわめて困難であった。町内会をめぐって、各地で軋轢が顕在化している。しかし町内会は戦争遂行のための協力機構として、生活物資の配給など、重要な役割をはたすようになる。そして町内会は一九四三（昭和一八）年に、ついに法制化されるにいたる。

奥井も町内会をめぐる問題に巻き込まれるようになる。

奥井は町内会活動をテーマとした「生活倫理の昂揚」と題する雑誌『改造』の主催する座談に引き出されている。かれは座談に少し距離をとりながら、戦時下の町内会の問題点を指摘する。最近、町内会長や隣組長は、一片の通達を字義どおりに伝達するだけで、事態を十分に見きわめなくなってきている。町内会・部落会が、個人を画一的に律しようとすると、どうしても無理が出てくる。まず、中央で基準を決めて実施しようとする場合にも、実践に幅をもたせることが大切である。しかし最近は、町内会長や隣組長が役人的になっている。お上からの通達はこうだとして、この通りにやれ、といったやり方をとっている。しかしこうしたやり方は間違っている。そもそも画一的な通達を、土地の実情に合わせて、住民を方針に叶うように仕向けていくことが、隣組長の任務なのである。ところが、隣組長などが逆に役人のような気分で命令しても、摩擦が多くなるだけで効果をあげることは難しい。下の者が働きやすいようにするのが、上の者の勤めであるはずである。かれは、商人が配給所に入って役人のようにふるまっていることに警告を発する。

奥井は戦時下の町内会が強い軋轢のもとに運営されていたことを伝えている。そもそも大規模組織の弊害から生まれたはずの町内会も、制度化され法制化されると大規模組織と同様の官僚制的病理に蝕まれていることを強調している。

7　都市計画と国土計画

(1) 都市計画論

奥井都市論のひとつの柱となっているのが、都市計画の存在である。都市計画への関心は、かれの研究を一貫する隠れたライト・モチーフとなっている。奥井はラスキンの建築論に魅せられて以来、建造物に深い関心をよせていた。ラスキンは中世の建築に現代の建築に見られない高い精神性を見いだした。奥井がそれを身をもって経験したのが、ドイツ留学である。かれがドイツで見たものは、教会と市庁舎（ラートハウス）を中心に整然と建設された中世の面影を残す都市であった。それは奥井にとって、コミュニティとしての都市の建築的表現であった。

奥井が都市研究をはじめた当時、関東大震災の復興を契機として、都市計画が脚光を浴びていた。識者の間では、都市計画が総合芸術として注目をあつめていた。オーストラリアの新首都キャンベラの建設、田園都市レッチワースやウェルウィンの建設などが、都市計画に話題を提供していた。

都市計画は、土木や建築のものと考えられている。この点は、今も昔も変わらない。しかし奥井は社会科学者が、都市計画に参画すべきだとする。では、社会科学は都市計画にどのようにかかわるのだろうか。都市計画の目的はいうまではなく、市民生活の向上である。そうであるならば、都市計画は社会関係を無視してはあり得ない。このことは、都市計画がたんに物的な計画に留まるものではなく、土地、人間、社会の三者関係から導き出されることを意味している。奥井は都市計画の基盤を市民の生活に置いたのである。かれは都市計画の目的を、国家の威信を示すような物的施設の建設にではなく、市民生活の向上に求めた。また、このことが、奥井が土木、建築学的な都市計画とは異なる社会科学的な都市計画を提唱することの理由ともなっている。

そもそも都市生活とは、何を意味するのか。現実の都市生活はどんなものなのか。都市生活の将来は、どうあるべきなのか。奥井は社会科学者が、こうした側面から都市計画に積極的に発言すべきだとする。そしてかれは都市計画を、「衛生」「快適」「便益」のバランスのなかでとらえるべきだと主張する。

では、都市計画の目標はどこにあるのか。奥井はそれを市民に、〈美〉〈利〉〈健〉の三つを提供することであるという。その際、美とは、うつくしさを貴び、守り、かつこれを作り出すことである。次に利とは便益であり、主として経済的な問題である。さらに健とは、健康のことであり、市民の保健のことである。これらは、それぞれ先の「快適」「便益」「衛生」に対応している。都市計画は、この美・利・健の三者が三位一体となっていなければならない。都市計画の理想とは、美・利・健の三つの均衡ある具体化である。たとえば、住宅の建設にしても建築美学の立場、経済的な費用、保健衛生の立場など複数の点から考察されなければならない（奥井、一九四〇h、五九六）。

さて奥井の都市計画の特徴は都市計画を、全体的都市計画と部分的都市計画の二種類に区分しているところである。全体的都市計画とは文字どおり都市全体にかかわる計画であり、地方計画や国土計画につながるものである。これに対して、部分的都市計画は都市の一部を対象とするものである。全体的都市計画が産業活動など都市の「動」の部分とかかわるのに対して、部分的都市計画は住民生活など都市の「静」の部分とかかわる。

奥井の都市計画の強調点のひとつが、欧米で研究が進められさまざまな形で建設が試みられていた市街地計画の導入にある。たとえば住宅地では、自動車や無用な者が侵入するのを防ぐ意味でも幹線道路を通すべきではない。また、町はひとつのまとまった雰囲気を生み出すためにも、ある程度は閉鎖的に建設した方がいいといったように、当時欧米で実験的に建設されていた近隣住区の計画の導入を考えていた。奥井にとって都市計画とは、何よりも都市生活を正しく規律、指導するものとなっていた。

(2)国土計画と地域計画

奥井の計画への関心は、都市計画にとどまるものではない。かれの計画論への関心は、当然、地域計画や国土計画へとつながっていくものである。かれは国土計画や地域計画にも深く関心を抱いていた。

欧米での国土計画と地域計画には、相異なる二つの流れがあった。ひとつは田園都市が大都市対策として主張されてきたころからのもので、いわば「調整主義」の計画ともいうべきものである。これは、一九二〇年ころより英米において、リージョナリズムの計画として議論された。もうひとつは戦略的視点からソ連やナチス・ドイツで展開された計画論で、いわば「統制主義」の計画ともいうべきものである。これは、英米でのリージョナリズムの計画論より遅れて、一九三〇年ごろからわが国に紹介されはじめた。しかしナチスの国土計画は戦時体制の確立が叫ばれるとともに、急速に人びとの関心をあつめていた。

中国大陸での戦火は収まるどころか、拡大の様相を見せていた。ヨーロッパ情勢も風雲急を告げていた。国土計画は戦時政策として急に脚光を浴びるようになった。当時、国土計画という言葉は、もっとも斬新な言葉となっていた。こうしたなかで、国土計画に関連する書籍が続々と出版されている。しかし、その多くはナチスの理論の受け売りか、皇国論、大東亜共栄圏、八紘一宇といった時局に便乗した計画論であった。

一九四〇（昭和一五）年に、第二次近衛内閣が成立すると、大東亜新秩序と国防国家建設の基本国策要綱が発表される。そこには、国土計画が緊急の課題として位置づけられた。東京には、人口、工場などあまりにも多くのものが集中している。したがって、もし東京が空襲を受けると、日本は壊滅的打撃を受けることになる。これを避けるには、工場や人口を地方に疎開させると同時に、それぞれの地方が自給自足でやっていけるアウタルキーの体制を考えなければならないとするものであった。国土計画に関する議論は関心の的となった。こうしたなかで、奥井が出版した『国土計画論』は時局に触発されながらも、けっして時局に迎合したものではない（奥井、一九四〇d）。そこで、奥井が論拠としたのは時流となっていた「国防論」ではなく、あくまで地域経済論であった。もともと、かれ自身、都市を資本主義社会の一部に位置づけていた。

奥井は、なぜ、国土計画が必要なのかについて、それを、資本主義の発展が人びとの社会生活に混乱をもたらすところにあるという。資本主義の下では、個々の事業主体に生産や配分に関する計画はあっても、国民経済全体にかかわる計画など存在しない。自由放任は資本主義の原則である。つまり資本主義社会には、個々の計画はあっても国家の全体に関する計画はない。かれは近年、国土計画の必要性が認識されるようになったのは、資本の自由な運動が人びとにもたらす欠点が一般に理解されるようになったからだとする。奥井は資本主義のもつ欠陥を是正するのが、国土計画だと主張する。

国土計画や地域計画は都市計画の延長線上に出てきたものである。そもそも都市計画は一九世紀の都市の急激な膨張にともなう混乱から人びとを救うために生まれた。イギリスでは一九二〇年代ごろに、地方計画が都市計画より広い地域を対象として提唱された。それよりさらに一〇年遅れて「国土計画」が出てきたのである。したがって、国土計画は手法や技法において都市計画と同じである。

したがって、国土計画は他の計画のガイドであると同時に、他の計画の結論でもある。しかしここで注意しなければならないのが、国土計画は全国的な大綱の決定にとどまるべきもので、けっして細目を計画すべきではないことである。細目計画はあくまで地方計画や都市計画の下位計画にまかせるべきなのである。奥井は都市計画を全体的計画と部分的計画に区分し、前者が後者を制約しないことを説いたのと同様に、国土計画が上位となって地方計画や都市計画を制約しないことに注意を促した。

しかし、ひと口に国土計画といっても、その内実は多様なものとなっている。とくにドイツやソヴィエトのような全体主義国とアメリカやイギリスのような民主主義国では、ずいぶん違ったものとなっている。アメリカやイギリスでは、地方主義が大きな力となっている。地方主義者は国土計画を、地方のイニシアティブを損なうものだとしてきびしく非難する。とくにアメリカやイギリスにおいては、国土計画が全体主義の一歩を意味するとして嫌悪されている。アメリカでは、ルーズベルトがムッソリーニの弟子だとか、ニュー・ディールがモスクワへの前進として烙印づけられたりしている（奥井、一九四〇d、一〇九）。しかし戦時下においては、英米諸国でも、国土計画の必要性が認識されるにいたっている。

奥井は国土計画に、三つの課題を認める。その第一は未開地方開発の課題であり、第二は国土資源の保存の問題であり、第三は国土利用再編成の構想である。国土計画のもっとも理解されやすい側面が、資源および風土の保存である。資源保護、資源開発、土地利用の集約化は、当然のことである。ドイツの「土に親しめ」という標語は、国民精神の鼓舞ともなっている。しかし奥井はドイツの重農主義的政策や国土計画における都市の分散政策が、戦時における食糧確保の問題からきているとして、人口の分散政策に冷徹な科学者の目を光らせている。

奥井の国土計画論は石川栄耀『皇国都市の建設』、松本治彦『国防と国土計画』、内務省計画局『国土計画及び地方計画』、企画院研究会『大東亜国土計画』、ルードウイッチ（加藤長雄訳）『国土計画』、磯村英一『防空都市の研究』などと異なり、国防の問題を論じることはなかった。かれの国土計画は社会改造の一環として出てくるものなのである。このことについて、小古間隆蔵は戦時体制下、国土計画が急に脚光を浴びるようになり、政策論ばかりが盛行したなかにあって、奥井のものは唯一理論的探求の書であったとしている（小古間、一九六六、九八）。

(3) 戦争と国土計画

政府は戦時下において、都市計画や国土計画に対する根本的な態度の見直しを計ろうとする。政府は巨大な権力施設で都市を飾ることには熱心だった。しかし民衆の住宅建設には冷淡だった。しかしその民衆に無関心だった政府も、防火にだけには取り組まなければならなかった。奥井は民衆の生活に関心をもとうとしなかった政府に皮肉をまじえて述べる。

ドイツ軍によるロンドンの空襲は、都市がいかに爆撃にもろいものであるかを知らせた。空襲による火災は、都市に壊滅的な打撃を与えた。石造のヨーロッパの都市にも、火災が広がった。木や紙などの可燃材が多用されているわが国の都市の場合は、想像もつかないほどの被害が予想される。一九四二（昭和一七）年四月には、被害は軽微なものにとどまったとはいえ、早くも恐れていた東京初空襲があった。

東京が大規模な空襲に襲われるとなると、被害は未曽有のものとなることが予想されていた。奥井は『改造』の求めに応じて、「空襲体験と国土・地方」を書いている（奥井、一九四二d）。かれは、もし、今回の空襲で国土計画の必要性が痛感されたというのであれば、それは、これまでいかに国土計画をなおざりにしてきたのかを告白するようなものであるという。奥井は東京の現状が、危険きわまりないものであり、一刻も早く疎開を進める必要があると述べる。

東京の大規模な空襲は戦況の悪化から深刻なものとなっていた。奥井は再度『改造』の求めに応じて「空襲を受けた帝都は？」を書いている（奥井、一九四三c）。東京は木造家屋が多く可燃性の高い大都市である。このため空襲の被害を過小に評価することはできない。空襲の際にまず必要なのは、災害地域と避難地域の連絡である。次に、緊急の配給を確保することが必要である。その後、本格的な復興計画に取りかかる必要がある。その時こそ、理想的なかたちで防火都市への計画が実施されなければならない。防火地帯の建設は不可欠である。とはいえ、防火地帯の建設は大東京計画のなかで、空襲がなくても当然やらなければならなかったことである。

一九四四（昭和一九）年になると、本土に対する敵の大規模な空襲が必至となり、都市からの疎開が緊急の課題となっていた。都市民の疎開がいよいよ現実のものとなってきた。爆撃の第一の目標となるのは重要施設である。これらの施設は地方に疎開させるのが、一番である。しかし施設の移設は容易ではない。その場合には、類焼を防ぐために周辺の建造物を撤去するしかない。こうして多数の建物が重要施設を火災から守るため除去された。

施設の疎開にも増して、都市民の疎開には幾多の問題があった。そのひとつが、都市と地方との生活格差である。地方の生活水準は都会に比べると、あまりにも低い。今回の都市から地方への疎開が戦時下の緊急の課題であるとしても、人口の分散を恒久的な政策として考えるのであれば、この点を考えなければならない。国土計画の目的は人口、富、文化を均衡をとりながら地方に再配置することである。こうした計画があると、人々も安心して地方に移動できる。また、それでこそ、疎開といった問題も解決できるのである。しかし戦時下に全面的な国土計画を実施することは困難なことであり、都市疎開が当面の課題だとしても、大局を見失わずに地方の整備について施策を行なうべきである。大都市の分散という先覚者の数十年にわたる主張は、つねに夢想とされてきた。しかし大都市の分散疎開が取り上げられたのは、敵の攻撃機の一発の爆弾のお陰であった（奥井、一九四八b、六五）。

(4) 都市計画と国家

奥井は戦後、いっそう都市計画や国土計画に思いを募らせていく。戦後復興から新たな都市建設に向けて、計画論への期待は高まっていた。かれも戦時下で実施が困難視されていたさまざまな計画論が実行に移される好機とばかり、新たな都市計画を心待ちにしていた。しかし実際の都市計画は相変わらず重要施設の建設と大街路網の整備を念頭にしたものであって、民衆の住宅は二の次とされた。民衆はまたしても計画から取り残された。

それに対して、奥井は次のように主張する。都市は古くから計画的に建設されてきた。古代の都市の建造物や街路の配置などは、少なからず計画的なものである。古代ローマ、中世のドイツ都市、さらに各国の首都などはいずれも計画的である。平安京や北京も計画的に建設された。近代の都市計画では、ナポレオン三世の下に進められたパリの大改造計画が規模の大きさで有名となっている。しかし今日では、王宮、寺院、広場の設計と大道路計画だけの都市計画は、現代的な意味の都市計画ということができなくなっている（奥井、一九四八b、六七〜六八）。

古来、都市の設計は王侯貴族の政治的、軍事的観点からなされた。したがって、それは王宮、寺院、広場、凱旋道路など権力者の偉大さを表す施設の建設であった。換言すると都市計画は権力者をきわだたせる手段であった。そこでは、市民の住宅が忘れられていた。

しかしこのことは、現代においても同じである。資本の威力を誇示する巨大なビルディングや自動車が疾走する道路は、壮観である。しかし市民の住宅は醜陋のまま残されている。鉄道の駅は立派であっても、その周囲には不良住宅が密集している。大街路樹は並木が植えられていても、市民の家はむさくるしい。大公園はあっても、子供たちはほこりっぽい道路で遊ぶことを余儀なくされている。庶民は採光も日照りも通風も考えないで、ただ土地所有者と貸家業者が最大の利益を得る観点からだけで建設された住宅に住んでいる。奥井は、市民が都市計画から捨てられているというこの事情は、今日といえども過去とあまり大差ないと主張する。都市計画に必要なのは、市民の生活地区の設計に計画技術の粋をこらすことである。そうした都市計画こそ、もっとも民主的かつ現代的な都市計画である。いずれにせよ、都市計画はひとつのコミュニティを作るような計画でなければならないのである（奥井、一九四八b、八四～八五）。

日本において都市計画はけっして新しいものではない。大正八年に都市計画法が出来てからでさえ、すでに数十年が経過している。それにもかかわらず、都市計画が十分に理解されているとは思えない。あい変わらず道路の拡張や橋梁などの土木事業が、都市計画のように思われている。今回の大戦の復興計画を経て、地域指定の問題が土地利用の制限などにほんの一部導入されただけである（奥井、一九四八b、六三）。奥井は戦後の復興から発展にあたって、日本の都市になお庶民のための都市計画がないことに警鐘を与え続けている。

8　都市化と生活の社会構造

(1) 生活の社会構造

これまでもっぱら都市に研究の焦点をあててきた。では、奥井が堀江から与えられたもうひとつの課題である社会政策論は、その後どのような道をたどったのであろうか。奥井は都市論に関しては帰国後、ドイツの学問から早い段階でアメリカ都市社会学に関心を移している。これに対して、社会政策論に関しては、ドイツの学説の影響のもとに議論を展開する。小松隆二は奥井の社会政策論が、その研究対象を賃金労働者に限定しなかった点で、独特のものだったことを指摘している。奥井は農民から中小企業経営者をも、弱者に含まれるということで社会政策論研究の対象に加えていた（小松、一九九九、一〇〇）。その社会政策論も、ほぼ戦時下に議論を終えている。戦後、これに代わるかのように登場したのが、都市的生活論、消費生活論、国民生活論などの生活論への関心であった。奥井の研究は戦前・戦中の社会政策論を介した生活研究から、戦後は直接生活者に向けられていった。

日本の敗戦の混乱からの復興は早かった。経済的には敗戦からわずか一〇年にして、「もはや戦後ではない」といわれるまでに回復する。その後、日本の経済は急激な成長を遂げることになる。

急激な経済成長に随伴して急速な都市化が進行する。これにともなって、日本人の生活形態は未曾有の変貌を遂げる。人びとの生活はかつて経験したことのない変化にさらされる。それでは、社会学的に人びとの生活をどのように考えるべきなのだろうか。奥井は生活を直接研究の正面に据える。かれは生活を「生活の社会構造」として、三つの視角から分析しようとする。

人の生活にはそれぞれに「生活信条」がある。これは人びとの善悪可否の価値判断の基準となっているものであり、情念ともいうべきものである。その生活信条は生活の仕組みである「生活体制」のなかで培われる。ここでいう生活体制とは生活の仕方であり、生活の形態である。さらにその生活体制は、それぞれの時代と場所の全体的社会組織が生み出している「生活基盤」の上に成り立っている。これら三つの関係は、一種の三位一体である（奥井、一九五八d、四八）。

換言すると、まず、生活の基礎となっている経済的、社会的な「生活基盤」がある。そしてその上に、暮らし方ともいうべき「生活体制」がある。生活体制は生活のシステムをなし、〈生活の型〉となっている。その生活体制のさらに上に位置づけられるのが、「生活理念」だという。生活理念は人びとの〈生活信条〉をなすものである。奥井は生活信条を生活理念と言い換えたりしている。つまり奥井は生活を［生活基盤─生活体制─生活理念］の三重図式でとらえようとした。

生活の社会変化は、この三つの視角のすべてにおいてみられる。すべてがスムーズに変われば問題はない。だが、実際には、三つの部分には変化しやすい部分と変化しにくい部分がある。そこでこの三位一体の統合が崩れてくる。それが社会混乱の原因となるのである。たとえば頭が古いなどというい い方がある。しかしそれは、社会の変化に生活信条が追いつかないことを意味している（奥井、一九五八d、四八）。

⑵ 消費生活論

人口の都市への集中は日本人の生活様式を根底から変化させていった。都市化の進行は、それまでにない数々の問題を噴出させていた。アーバニゼーションが大きな話題となる。奥井はアーバニゼーションを、生活様式としての「共同的高度処理」の感覚や意識と考えていた。かれはアーバニゼーションを共同的高度処理にもとづく生活様式とすると、日本では東京をはじめ全国どこにいっても、巨大な田舎はあっても、都市はないとする見解に達せざるを得ないという。かれは人口の都市化が急激に進行するなかで、生活の共同的高度処理の方法としてのアーバニゼーションの遅れを指摘する（奥井、一九六五b、四七）。

現代人の生活は都市的生活、市民生活、国民生活などさまざまに呼ばれている。では、現代の生活はどのように行なわれるべきなのか。これには、二つの方法がある。まず、都市化したところでの生活は、さまざまなことが商業ベースで処理されている。コマーシャリゼーションの浸透である。コマーシャリゼーションは若干の規制はあるものの基本的に営利活動の形式で行なわれる処理の形態である。もう一つが、コミュナライゼーションによる共同処理の方式である。地域集団の生活の共同化である。つまり地域的生活共同体の形成である。コミュニティやコミューンの形成といった方がいいのかもしれない。たとえば、家庭で水を確保する時、農家では流水を利用したり、井戸を掘ったりする。これに対して、都市では、上水道を敷設することになる。しかしその際、上水道を市営にするのか、私的企業にするのかは、利害損得をどのように考えるかである。都市という地域的生活共同体は、共同処理によって生活を最高に高めていこうとするのである（奥井、一九六三c、四〜五）。都市においては、一般的に共同処理が普遍的であって、これが市民生活のあり方に関係しているのである（奥井、一九六三a）。

現代の生活は「大衆消費の時代」「三種の神器」「マイカー時代」「消費者は王様」といったことばで象徴されている。これは今日の代表的市民生活が、サラリーマン型の生活であることを示すものである。東京では、商人や職人を中心とした明治の市民社会から、商事会社の社長になった商人や工場主か労働者になった職人などからなる現在の市民社会へと移行している。このことが、すべての問題の前提となっている。つまり産業化の過程が進むにつれ、サラリーによって生活をたてる者のウェイトが高くなる（奥井、一九六五b、四六）。

奥井は生活の革新ということのなかで、しばしば家庭電化製品に言及している。経済の高度成長の過程で、洗濯機、テレビなど各種の電化製品など耐久消費財が普及する。奥井は電化製品の普及を、女性を洗濯などの重労働から解放したとして高く評価する。最近の生活の向上には、家庭電化製品の活躍が大きな役割をはたしている。かれは注意深く、電化製品はたんにあれがある、これがあるということではなく各人の「生活体制」にはまりこんで、はじめて意味があることを指摘する。さらに、生活の向上のためには女性の家事労働の軽減、安全の確保、質的にも十分な住宅、公害の防止、プライバシーの保護など現代に通じる課題をあげている（奥井、一九六五b、四七）。

(3)国民生活論

奥井は特殊法人の国民生活研究所の所長に就任する。所長自ら国民生活について、積極的に議論を展開する。まず、いったい国民生活とは何なのか。そもそも国民とは何か。さらに生活とは何か。かれは舌鋒鋭く、第一に国民、次に生活という名辞の構成上の順序からして問題であると迫る。つまり国民生活の〈国民〉と〈生活〉の順序は逆に考えるべきものである。すなわち、まず、生活とは何か。そして、次に、国民とは何か、とすべきである（奥井、一九六二b、二）。奥井はしばしば人びとの生活から乖離した国の政策を痛烈に皮肉っていた。それは、かれが国民生活センターの所長になってからも変わらなかった。国民生活の向上は、かれの願いであった。

奥井は今日、生活の向上には、生活問題の共同処理が不可欠であるという。日本には、生活を個人的なものと考える伝統がある。しかし日本人は、そもそも問題の根本にまで遡って考えるという意識が希薄である。日本人は、とかく問題を個人的に処理しようとする。しかしこれからの時代は、生活問題の処理に〈共同化〉や〈公益化〉が不可欠であることを強調する（奥井、一九六五b、四七）。その際、奥井は「生活の社会構造」の視点から生活問題の処理を、〈生活基盤—生活体制—生活理念〉の三位一体の構造連関を通じて説明する。生活は国民、地域、個人の三段階のうち、地域の段階で取り上げるべきである。奥井はこの地域の生活環境の整備こそ、国民生活の向上にもっとも寄与するというのである（原田、一九九九、二一八）。この点から、かれは個人の家計的ストックに対して、社会的ストックを一層重視すべきことを説く。ここに、かれの生活環境論が、登場してくるのである。そうはいっても、そもそも生活環境とは何かについて、簡単に議論することはできない。しかしかれは生活環境が、職場環境や作業環境に対して、居住を中心とする共同の集団生活様式であることは確かであると述べる。

経済の急速な成長は生活の基盤となっている社会的、経済的状況を変化させた。しかし生活理念となっている生活信条は、そうかんたんに変化しない。つまり社会経済的条件の変化にたいして、生活者の適応の遅れが強調される。したがって、生活の「三位一体」の統合が崩れてくる。寺出浩司は奥井のまなざしが、たんに「前近代」の静態的な残存を問題にするということ以上に、社会制度の激しい近代化運動と生活意識の前近代性との矛盾という動態側面に向けられていることを指摘する。寺出はさらに奥井が日本の近代社会の常態を、環境条件に対する生活主体の適応―「生活基盤―生活体制―生活信条」の渾然一体としての統合―「純都会的」段階―「安定」の系列としてではなく、環境に対する生活の不適応――「三位一体の統合の欠落」――であり、「半農村・半都会的」段階―「混乱」の系列として把握していると主張する（寺出、一九九九、一三三～一三八）。

奥井はこうした生活の変化を、東南アジアの経済発展にともなって生み出されている一連の社会問題にも見いだす。かれは、今日、発展途上国で、産業化、都市化が問題となっているのは、革新に対する文化的（生活的）な抵抗が生じているからだとする。これが南ベトナムをはじめとする東南アジアの国に起こっている。その原因は、生活基盤・生活体制の変化に対して生活理念が追いつかず、新旧の対立という事態が生じる。生活者の頭の切り替えは、そう簡単なことではないのである（奥井、一九六五b、四四）。

生活は重層的に営まれている。それは国民生活としても、同様である。奥井は国民生活を五つの側面からとらえようとする。第一は、プロブレマティック・アプローチである。これは、通勤問題、生活環境、消費者物価など、国民生活に影響を与えるファクターから生活をとらえようとする。第二は、ナショナル・アプローチである。これは、国民生活を国家の観点からとらえる方法である。個人を〈国民〉と〈人間〉という二つの面からとらえることができるように、生活もまた、政治的に規定された「国民生活」と「人間生活」の二つの方法としてとらえることができる。

第三は、オーガナイジング・アプローチである。生活をひとつの組織体のなかで考えるやり方である。電気、ガス、水道、交通機関などの共同化にともなう生活の側面である。つまり生活を地域的共同体（コミュニティ）のなかでとらえるやり方である。第四は、オブジェクティブ（オーガニゼイショナル）アプローチである。生活は非常に個別性の強いものであるが、よく見ると基本的には経済的条件などによって規定されている。そこで、生活を客観的に、こうした条件に対する「型」として観察することができる。第五は、ヒューマニスティック・アプローチである。人間生活はヒューマニティから見て、ひとつのあり方が規定され、そこにひとつの水準が設定できる。人間生活を飢餓、病気、危険、不安などからの解放といった観点から、ひとつのまとまったものと考えることができる（奥井、一九六四b）。この五つの分析視角は奥井の突然の死で、ノートにとどまったとはいえ、この断片はいかにかれが国民生活を重層的にとらえようとしていたのかをうかがわせる。

第3章

奥井復太郎の評価と影響

1964年　図書館前にて（67歳）

1　奥井の学問

(1) 学問の歩み

奥井復太郎は商人か、銀行員になるつもりが、高橋誠一郎教授との出会いから、思いもよらず学者の道を歩むことになった。かれは二三歳という若さで結婚し、一〇年間に四男四女の八人の子宝に恵まれた。かれはいつも八人の子供の世話に追われていた。家庭は八人の子供の養育で、経済的にも大変だった。かれは若い時代を社会改良と都市経済論の研究のためドイツで過ごし、生涯をかけて独自の都市論と生活論の分野を切り開いた。

奥井は晩年に若い頃の講義を振り返って、次のように述べる。自分がドイツから帰国後に担当した「社会政策」と「都市経済論」は、はじめの数年間受講者の数がきわめてすくなかった。都市経済論といっても、学生にはどんな学問なのかわからなかったらしい。また、社会政策に関しては、日本語の文献がほとんどなかったので、もっぱらドイツの文献を使用せざるを得なかった。しかしそれにも増して、わたしの講義にまとまりがなく、学生諸君の方でもとらえようがなかったのだろうと。

福澤先生は世間から学者を飼い殺しにするといわれた。が、けっしてそうではない。慶應義塾はいいところである。自分の好きな学問をやらせてくれる。わたしに都市経済論をあてがった当局は、わたしの専攻が社会学の専攻に移るとは夢にも思っていなかっただろう。こんなことになるとは、わたし自身も夢にも思っていなかった。この移行の原因は、わたし自身にあった。わたしは都市経済論に意図されていた「公益企業論」や「パブリック・ユティリティ」の研究に、あまり乗り気になれなかった。わたしの研究を方向づけたのは、ドイツ留学時代に受けた中世都市の魅力と帰国後に知ったアメリカの人間生態学の研究である、と回顧している（ゼミナール回顧、一九六二c、一七九〜一八一）。

また、奥井は自分の研究がアメリカ流の都市社会学のやり方なので、アメリカで勉強してきたかのように誤解されている。しかし自分の研究の出発点は、ラスキンの研究であるという。後にかれは自らの研究を顧みて、自分の関心が〈ラスキン—中世都市—シカゴ学派〉と移ってきたと述べる。しかしその後には、当然、東京があった。さらにラスキンの前には、バクーニンやクロポトキンがいた。ドイツは中世都市どころか、世界都市ベルリンに滞在した。アメリカはシカゴ学派にかぎらず、ハーヴァード学派やノースカロライナ学派の地域研究を視野に収めている。かれの研究は大きな知的広がりを背景としていた。

奥井は商人の家に生まれ、思いもかけず学者生活を送ることとなった。それだけにかれは、当時多くの学者がもっていた学問を立身出世の手段にすることを無縁にしていた。度重なる偶然の結果として、慶應義塾の学校運営の責任者としての職責をはたすことになるが、それはけっしてかれの本懐ではなかった。

奥井は自分にとって興味のある問題は、大都会の研究である。それも都会生活の主として消費生活の側面であると述べる。かれは、六七歳の死にいたるまでこのことを問い続けていた。また、奥井は文学、絵画、音楽など芸術を好んだ。これらがかれの学問に豊饒な香りをかもし出している。奥井は大正デモクラシーの申し子であった。かれにとって、学問はけっして身を立て、名をあげ、やよ励むものではなかった。

(2) 奥井の学問と芸術

奥井は絵画や文学に人一倍大きな関心を示す。とくに奥井は絵を画くことを好んだ。奥井がラスキン研究において、かれの社会思想を絵画論、美術評論などの立場からとりあげているのも、かれのこうした関心と無関係ではない。奥井の都市研究は、思想的なものから実証的なものへと進んでいく。

奥井の師であった高橋誠一郎はゼミナールの学生だった当時の奥井を振り返りながら、次のように述べる。ゼミには奥井と奥谷という無政府主義に興味をもった二人の学生がいた。このうち奥谷君は活動家になったのに対して、奥井君は無政府主義者になれなかった（高橋、一九六六、二）。奥井の学問の出発点は社会思想にあり、さまざまな思想に胸を高鳴らせた。とくにラスキンに思いをよせ中世都市に憧れた。しかし時代とともにかれの学問は、思想的なものから現実的なものへと大きく転換していった。

奥井は明治になってもなお、地域社会のレベルでは身分制社会が続いていたとする。そして、それを打破したのが、大正であったという。人格の独立、個性の解放、それは漱石文学に示される通りのものである。何物にも縛られたくない、という心情であった。したがって、この時代にはアナーキズム、サンディカリズム、ギルド社会主義、ベルグソンの創造の哲学とか、ラッセルの「自由への路」とかが高く評価された。マルキシズム自体が当時は解放の哲学であって、後年見るがごとき強大牢固なる政治組織のそれとしては、いまだ十分受け取られていなかった。

奥井は大正期を一面で高く評価する。しかし大正期はそれを理念的に主張したにとどまっており、それ自体は積極的な建設面をもたなかった。これが昭和期に残された課題となったと述べる。このことばは、クロポトキンからラスキン研究に没入していた若いころの自己への反省も込められているのだろう。

たとえば都市計画にしても、奥井はそれが実現可能な政策でなければならないと主張する。かつてウィリアム・モリスは都市と農村の差別のない理想社会を描いた。しかし国会議事堂を肥料置き場として使うようなことは、しょせん架空の夢物語に過ぎない。奥井にとって都市計画や国土計画は、たんなる思想ではなかった。そのためにも計画は「科学的」なものでなければならないのである。かれは計画をたんなる理想としてではなく、実行の可能性に比重を置くようになっていた。奥井は国土計画が、何かと「百年の大計」といわれることに対して、今から百年先を予見することは困難であるとして、ことばの安易なひとり歩きを戒める。

奥井は芸術に強い関心をもっていた。それはたんなる趣味を越えるものだった。しかしかれは芸術への関心を、研究に直接持ち込むようなことはなかった。しかしかれの「集団住宅論」に差し込まれている図やスケッチは、かれの絵画への関心が伝わってくる（奥井、一九四三b）。こうした芸術への思いが、晩年に結実したのが、「荷風と東京」である。奥井は、パークの『都市』のなかに都市と文学の指摘があるのを自分が読み飛ばしていたとして、都市研究に文学の素材を取り入れることを正当化する。そして、荷風の『日和下駄』を、都市文学の作品として驚くべきものがあると述べるとともに、久保田万太郎、永井荷風、水上滝太郎などの作品に時代相を読み解いていく。豊田正子の『れんが女工』には、学者がかなりの期間と労働力を費やして調べて出すのと同じものを、よくもこんな若い娘さんが、簡単な筆でもって描きだしていると感心している（奥井、一九五九c）。

奥井の研究は、一九八〇年代の前田愛たちによって提唱された「都市と文学」の先駆けをなしていた。そこでは、東京はもちろん森鷗外のベルリン、荷風のパリ、漱石のロンドンなどがとりあげられる。

(3) 奥井の複眼性

奥井の学問や生活を見ていると、二項対立的な契機を軸として展開している。かれの生まれは下町であり、商人の家の育ちである。当然、商人となるところが、たまたまシモタヤになっていたため、紆余曲折を経て思ってもみない学者への道を歩むことになった。下町の家風をもっていた奥井が学生時代以来住んだのは、父の病気のためとはいえ、別荘地的性格をもっていた大森であり、湘南の葉山である。また、本人はきわめて美術好きであり、絵を画くことを好んだ。また、愛唱歌は二〇〇曲に及んだという。夫人も結婚前に音楽学校に通っていたことなどから音楽に親しんでいた。

宗教に関しても、下町の商人の家にキリスト教は縁遠い。ところが、病弱だった三女を除いて三人の娘をキリスト教系の学校に入れている。しかも妻、三女、四女、四男が次々と洗礼を受けている。四女の玲子にいたっては、修道院入りしている。本人も英語の勉強を口実に、大学予科の時代に日曜学校に通い英語で聖書を読んでいる。さらにドイツ留学中は、キリスト教が日常的なものだった。得意のスケッチに数多くの教会建築が残されている。しかも死の直前、四女にうながされるように、カトリックに改宗している。

奥井の生活の二重性は、学問のなかにも見られる。かれは、常に二つのテーマや概念を微妙に交錯させたり、対極化させたりしながら、自己の学問を作り上げている。かれに課せられた研究主題は、社会改良計画と都市経済論であった。現代風にいえば、それは社会政策と都市論である。かれは、クロポトキンやラスキンといった社会思想から研究をはじめたにもかかわらず、学者としてのかれは思想とは対極的に、都市研究に本格的な社会調査を持ち込んだことで知られる。かれは思想研究と社会調査というまったく相反する二つの分野の両方を手がけたことになる。かれは理論と実証の両方に手を染めた。また、欧米の学説研究においても、かれが出発点としたのは、イギリスの社会思想の研究であった。それでいて、かれが留学先に選んだのは、ドイツである。しかも帰国後はアメリカ社会学の研究をはじめている。アングロサクソンの学問とドイツの学問の両方に目配りをしていた。

奥井は同時代の多くの学者のように、けっして欧米の学説の紹介と検討に終始したものではない。かれは学説の検討を踏まえて、東京の社会調査を繰り広げるのである。また、かれは経済学から研究を進めながら社会学へと、当時の一般的な流れとは逆コースの道を歩んだ。経済学者の多くは、経済現象から社会学的要素を払拭し、経済現象を絞っていくことで、経済学の理論的純化を計っていた。それどころか、かれは文学まで社会科学の素材として使っている。

奥井には、商人と学者、下町と郊外、音楽と美術、仏教とキリスト教といった対比ばかりか、学問的にも、都市論と社会政策、思想と調査、理論と実証、イギリス・アメリカとドイツ、欧米と日本、経済学と社会学、社会科学と文学の対概念的な分析軸が見られるのである。

(4) 残された課題

奥井は晩年の一九六三（昭和三八）年に、「再論『現代大都市論』」と題する論文を発表する。かれは自己の研究を振り返りながら、都市社会学を社会学一般からあまりに離れた独立の分野として考えすぎていたことを反省するとともに、今なお都市研究における「総合」の問題に苦闘していることを告白する。地方自治体から総合調査の要請を受けた時、研究は往々にしてただあらゆる項目がならんでいる「市政要覧」方式に陥りがちだと述べる。しかし市政要覧方式は、けっして都市研究の真の総合の姿ではない。都市研究において「総合」の問題は、その重要性にもかかわらず、今なお未解決の難問だと述べるのである（奥井、一九六三d、一三）。

都市社会はきわめて複雑であり、そこでの事象を体系化することは、きわめて困難である。このため日本都市学会が地方自治体から総合調査を依頼される度ごとに、調査をどのように「総合」するかという方法論の問題に直面してきた。調査はすべての分野を網羅することになるが、これでは市政要覧方式になってしまい、けっして真の意味の「総合」とはいえない。ここに総合の方法論という難問がひかえており、その解明について、何回か要請があったにもかかわらず、未だにその責を果たせないでいる。

都市問題の専門研究にあたっては、まず各分野のこの整合性について反省するところから出発しなければならない。研究機関にしろ、教育機関にしろ、ひろい意味で都市問題を扱う場合、まず、都市現象の総合性という点を十分に理解しておかなければならない。これを欠くと、各分野の全体的位置づけが不可能になってしまう。

科学の各分野の体系に、独自の論理と方法論があることは自明である。一九世紀以来それらが急速に発展したために、今日見るような社会の発展があった。それを文明の進歩といっていいかもしれない。専門化が研究を発展させてきたといっても過言ではない。したがって、ここでいう総合化とは、学問の各分野の発展を否定するものではない。逆説的にいうと、それを否定したのでは、総合化自体に意味がなくなる。総合化とは体系的な全体的構成であって、一つの原理がいかに機能し、また他の特殊原理との関連がどうなっているかを確かめることにある（奥井、一九六三d）。

都市研究もその発展の当然の帰結として、研究の細分化、研究の断片化は避けられない。しかしこうして研究が進められるなかで、その研究が全体に対し、どのような意義をもっているのかわからなくなってしまう。アメリカの都市社会学の研究も、研究の発展のなかで、細分化し拡散していった。そうしたなかで都市研究に新しい意義を掲げて颯爽と登場したのが、新都市社会学である。しかし新都市社会学の研究もまた研究の発展とともに、都市研究としての精神は個別研究のなかに埋没し、研究テーマは拡散しはじめている。ここに研究発展のアイロニーが出てくる。奥井が顧みられるのも、矢澤澄子の指摘するように、細分化した研究の意義を全体との関連で、改めて問おうとした時なのである（矢澤、一九七六）。

晩年の奥井は、国民生活研究所の所長として、国民生活、消費生活におおきな関心を寄せていた。奥井の［生活基盤―生活体制―生活理念］の三重図式を分析軸とする生活研究や五つのアプローチを分析軸とする国民生活論の本格的な展開は、突然の死によって中断されたまま残された。しかし未完の奥井の生活研究は、新たな展開の道を力強く示している。

2　奥井復太郎の影響

(1) 都市結節機能論

奥井復太郎の研究は、その後の研究にどのような影響をあたえたのであろうか。ここでは、都市の概念、都市と全体社会、地域調査、地域集団論、生活論、都市計画論の五点に絞って奥井の研究の影響を見てみよう。

奥井の与えた影響の第一は、都市の本質にかかわる問題である。奥井は『現代大都市論』において、都市を、全体社会の「支配力の所在地」とか「支配関係の中枢」、また「社会生活の中心地」や「中心的機能を担う土地」といった言葉でいい表している。後に、かれは、都市を「中心機能の地域的結集」という概念のもとにとらえることを考え出し、この点から都市研究を進めていたと語っている。奥井がもっとも腐心したというのが、この都市の本質論ともいうべき部分であったという。

奥井は戦後間もなく発表した「大都市人口の規制」と題する論文で、都市を〈空間的交通網における結節的機能〉をもつところだとする見解を発表する。この概念が、後に農村社会学の研究から、戦後に都市研究に入ってきた鈴木栄太郎に引き継がれ、〈社会的交流の結節機関〉としての都市概念となる（鈴木、一九六九、七九）。つまり鈴木は奥井の空間的交通網における結節的機能としての都市概念を、社会的交流の結節機関として継承する。

しかしこの概念では、奥井が『現代大都市論』において強調していた都市のもつ「支配力の所在地」とか「支配関係の中枢」とかといった性格が希薄にならざるを得なかった。鈴木のこうした思いが、日本都市の発展過程を追い求めた矢崎武夫が都市の「統合機関」説を発表した際に、この概念への評価にもつながってくるのである。矢崎の統合機関説は都市を、何よりも〈権力〉や〈支配〉の関係からとらえようとするものである（矢崎、一九六二、一九六三）。鈴木は矢崎の統合機関概念に接して、自分の結節機関を集散機関と言い換えた方がいいのかもしれないなどと、この概念の再検討を考えていたことが、かれの死後に発表された『国民社会学原理ノート』からうかがえる（鈴木、一九七五、二一三、二七二）。奥井の都市の中核を「支配力の所在地」「中心機能を担う土地」「社会生活の中心」「空間的交通網における地域的機能」に置く考え方は、鈴木栄太郎の結節機関説や矢崎武夫の統合機関説に引き継がれ、発展していくことになる。

奥井はアーバニゼーションを生活感覚と意識、そして生活様式としての「共同的高度処理の方法」と考えていた。こうした考え方はまた、倉沢進の都市的生活様式を「専門処理機関」への依存性の増大だとする説へと引き継がれていく（倉沢、一九七七）。

(2)都市と全体社会

奥井の都市論の特徴は、都市を明確に全体社会に位置づけたことである。奥井は都市の地域的機能から全体社会を位置づけようとしたばかりではない。奥井は現代の都市民が「市民」であるよりまえに、「国民」であり、ホモ・エコノミックスであることに着目する。かれはこの点に、都市を外的に規定する全体社会の政治的、経済的側面から研究をはじめる糸口を見いだす。アメリカの都市研究、とくにシカゴ学派には、都市と全体社会との関係が、明確に位置づけられていない。この点が、G・ショーバークがシカゴ学派を批判して、「比較都市社会学」を提唱する理由のひとつともなった（Sjoberg: 1959）。

奥井は古代ギリシアやローマの時代から都市があったとはいえ、それと現代の大都市を同列に論じてはならないという。かれが研究対象とするのは、あくまで資本主義社会の中枢を形成する大都市だと主張する。つまりかれは都市を明確に、資本主義との関連から把握しようとする。この点で、かれはL・ワースがアーバニズムを「産業主義」や「近代資本主義」とも異なるといいながら、アーバニズムとこれらの関係を問わなかったのと対照的である（Wirth: 1964:66）。

奥井は現代の社会学が資本主義社会学だと述べている。奥井は現代都市を資本主義と結びつけて分析した。しかしその後、日本で都市を資本主義との関連で組織的に分析するのは、戦後をまたなければならなかった。島崎稔・北川隆吉編の『日本の都市社会』はマルクス主義の都市研究の誕生を告げるものとなった（島崎・北川、一九六二）。日本のマルクス主義の都市研究は、その後急速に広がっていく。

アメリカでは、都市の社会現象はもはや都市といった包括的な脈絡ではなく、家族やネットワークなど個々の脈絡のもとに研究されるようになっていた。その意味では、都市社会学研究は衰退していた。その後の都市社会学研究の新たな展開は、一九七〇年代の半ばをまたなければならなかった。それまで都市社会学とは無縁であったヨーロッパにおいて、M・カステル、C・ピクヴァンス、E・ミンジオーネ、D・ハーヴェイなどによって、新しい都市社会学が提唱された。いわゆる「新都市社会学」の登場である（吉原、一九九四）。

かれらの研究は都市を資本主義との関連で組織的に分析しようとするものであった。新都市社会学がマルクス主義者を越えて広い支持を集めたのは、それがアメリカの都市社会学が見失っていた都市現象を、全体社会の問題と関連させたからである。現在、都市社会学という自覚のもとに展開される研究は、新都市社会学のものが多い。こうした流れのなかで、一時、地域社会の微視的分析に終始していた都市社会学の研究は、再び全体社会との関連を回復している。

また、奥井のドイツ留学中には、首都ベルリンの「世界都市」化が話題となっていた。その世界都市論が、一九八〇年代半ばの経済の急激なグローバル化のなかで復活する。F・フリードマンは ニューヨーク、ロンドン、東京など世界の大都市の未曾有の繁栄のなかで、「世界都市仮説」を提唱する。日本でも数多くの研究者がフリードマンに触発されて、東京を舞台に世界都市を論じることになる（フリードマン、一九九七／植木、一九九三／町村、一九九四／渡戸、一九九九）。

(3)都市社会調査

次に、奥井が都市社会学に大きな足跡を残したのが、地域調査の実施である。奥井がアメリカ社会学から学んだものは、組織的な都市の社会調査であった。かれは手探りのなかで精力的に都市調査に取り組んでいった。川合隆男によれば、奥井の研究が都市社会学の「理論」に関連づけられていた点で、都市社会調査における開拓者、先駆者の試みであった（川合、一九九九、一九〇）。小古間隆蔵が指摘するように、現在では常識となっているようなことも、当時は調査で確認しなければならないことが多かった。今日では、行政ばかりでなくシンクタンクなど調査会社などの手でおびただしい調査がなされている。しかし当時はまだそうした資料がほとんどなく、わずかな資料も公開されていなかった。このため都市社会の実態を知るためには、まず調査が必要だった。かれは地域調査のたびに、新しい事実を発見していった。ひとつの調査が終わっては、次の調査へと移っていったのである。したがって、かれの調査は必ずしも一貫したものとなっていない。

現在の社会学研究は、さまざまな調査が前提となっている。もはや社会調査の必要性を疑う人はいない。それどころか、調査を日常業務とする多数の機関が設立されている。現代の研究者は、ここから多くの情報を日常的に得ている。社会科学的知識はギデンズ（Anthony Giddens）が鋭く指摘したように、リフレクシヴィリー（reflexivily）な性格をもつために、その成果が簡単に日常生活のなかに取り込まれ、その後の人びとにとって自明の知識となる。ここに社会科学の研究が自然科学と違って、輝かしい革新的思想が時の経過とともに凡庸なものとなる点がある（ギデンズ、一九九八訳、三四）。今は人びとにとっての自明のことと思われることでも、少し前までは調査によって苦労して得られる知識であったことも多い。都市研究にとって、調査の意義はいくら強調してもし過ぎることはない。

このため今日では、都市社会学の研究に、調査の実施が日常的なこととなっている。このことが逆に、都市の社会調査に、調査結果が刊行されている資料からほぼ推測できることまでもが調査の対象となっていることが少なくない。きびしくいうと調査の大半がしなくてもいいような調査であり、また残りの調査もよく似通った調査だといわれている（森岡、一九九八、五）。このことは学術調査といわれるものにも無関係ではないだろう。そこでは、しばしば調査作業の苦労が、研究成果の貧しさの免罪符となっている。

(4) 町内会論・地域集団論

奥井の議論で、今なお多くの議論が展開されているのが、町内会についてである。太平洋戦争は日本に未曾有の被害を出して終る。町内会は戦時中に出征兵士の見送りや戦没者の出迎えから、生活物資や食糧の配給にいたるまで、銃後の戦争遂行機構として大きな役割をはたした。敗戦後、町内会の活動は、徹底的に非難された。このため町内会の組織は戦後、占領軍（G・H・Q）によって禁止された。一部の町内会の活動は残ったけれども、公然たる団体としての活動は禁止されていた（吉原、一九八九）。町内会は戦争中の苦い思い出から忌避されるものであった。敗戦の混乱のなかで、新しい社会の建設がはじまる。瓦礫のなかから復興がはじまった。社会の「民主化」と「近代化」がスローガンとなった。そこでは、町内会的秩序からの脱皮が叫ばれていた。

敗戦後の復興も一段落し、日本はサンフランシスコ平和条約によって独立を認められることになる。これにともなって、占領軍による町内会の禁止令も失効する。ところが、封建的秩序を担っていると考えられる町内会が、各地で復活してくる。町内会は旧来の秩序を体現するものだとされてきただけに、その復活は驚きをもって迎えられた。そこで、一九五三（昭和二八）年の全国都市問題会議は「市民組織の問題」を議題にあげている。ここで奥井は高田保馬、鈴木栄太郎、磯村英一などとともに、町内会について論じている。

奥井は、町内会が人びとに都市生活のなかで生まれる不安、不便、不利などの問題を、安全、厚寧、保護に変えるように作り出した互助組織だという。つまり町内会が住民にとって、よくも悪くも近隣互助による生活確保の「社会型」となっているのだというのである（奥井、一九五三c、二六）。かれは新たな近隣集団成立の根拠を、懐古的情緒的な主張や人間は隣人を求めるといった主張を別とすると、住民の「生活便利の共同化」にあるという。奥井は町内会の形成を、住民の近隣互助による生活確保の「社会型」となっているところに求める。

この町内会を社会型だとする概念が、近江哲男に継承されることになる。近江は町内会を、わが国の国民の持つ基本的な型のひとつであり、人々が集団を結成し維持していく際の原理をこの〈原型〉に求めるとして、町内会は日本人の文化の型だという（近江、一九五八、二二五）。つまり近江は、奥井が町内会を社会型だとした議論を拡大し、町内会「文化型」論を展開する。近江の文化型論については、その後、高橋勇悦、秋元律郎、中村八朗、安田三郎など多くの学者が活発に議論することになる（藤田、一九八二、一九九〇、一二〇）。町内会は今なお都市の社会学的研究のひとつの焦点となっている。それどころか、町内会の問題はコミュニティなど地域組織の問題とあいまって、都市社会学の研究で、もっとも豊かな研究の蓄積があるところとなっている（玉野、一九九三）。

(5) 都市計画論

以上の問題とは逆に、奥井の取りあげた問題で、その後の都市社会学において、ほとんど議論されなかったのが、都市計画の問題である。かれは、都市社会学が都市計画の哲学だとも、都市計画が都市社会学の結論だともいうほどに、都市計画に大きな意味を与えている。

奥井はかつての都市建設が、権力者の力を見せつけようとするものであり、市民の生活は二の次であったことを強調する。奥井は「建築学」にも「土木学」にも無縁だといいながら、昭和のはじめから都市計画にくちばしを入れている。かれは都市の物的な環境が個人面にも社会面にも人間の生活と深く結びついていることを指摘する。かれは早くから団地の設計についても、それはたんに建築物の設計にとどまるものではなく、近隣社会の集団設計であると考えている。かれが都市社会学をもって都市計画の哲学というような観察を下すのも、この関係によるものである。奥井は国土計画が詳細なものになることを危惧していた。かれは国土計画が全国的な展開のなかで、都市計画の足かせとなりかねないことを警戒していた。かれは都市計画にラスキンの掲げた理想とドイツで経験したコミュニティ生活を描いていた。

奥井は都市計画の必要性を、生活の共同性から説明する。市民は同じ土地に住み、同じ土地で活動することから共同の事柄を経験する。快適な生活のためには、街路、交通、水道、電気、ガス、教育、衛生、娯楽、治安などの整備が不可欠である。これはいわば市民に共通した「消費の問題」である。これらの問題の解決のために都市計画が不可欠なのである。こうした観点から、奥井は共同体を基盤とする「市民意識」の涵養を願ったのである。

日本人は伝統的に中央の指令をまつ官治的性格になれてきた。日本人は眼前の問題に対しても、個別に対応するだけで、共同して取り組もうとする態度が希薄である。しかし、今日では、さまざまな問題に対して、市民の力で解決することが期待されている。下から盛り上がる市民の力、それこそが、地元の力なのである。奥井は市民の共同性を強調するとともに、市民を都市計画を担う主体として登場させる。奥井は、市民が「共同消費」の問題を主体的に解決する計画の作成を願っていた。そこに、民主的な市民精神の発展を見ていたのである。

奥井は都市研究を、文明論の段階、市政論の段階、都市経営論の段階、都市社会学の段階に続いて、第五の段階として、都市計画の段階を位置づけている。かれにとって都市計画は、コミュニティ計画、生活設計など、社会計画を含むものであった。現在の都市社会学では、都市計画の問題が直接の研究対象の外に置かれている。しかしこの問題は都市の社会学の大きな課題である。かれの都市計画は都市コミュニティを物的に表現したものなのである。

ところで、日本の都市の町並みの混乱はすさまじい。不揃いな建造物と電柱がむき出しのままの曲がりくねった狭い道路は、日本の都市の特徴となっている。しかし現行の「都市計画法」や「建築基準法」をはじめとする都市関連法は、全国を画一的に規制するために、都市が独自に美観を重視した町並みを形成しようとするのを不可能にしている。何と国家法である都市計画法が、都市が独自に行なう〈都市計画〉を骨抜きにしているといっても過言ではない（渡辺、一九九三）。われわれはそのことに余りにも無関心であるのかもしれない。また、そのことは、日本が、経済大国といわれながら、われわれがうさぎ小屋と揶揄されるところに住んでいることとも無関係ではない（藤田、一九九八）。この街の美観にこそ、奥井が主張してやまなかった都市の共同性が育むものだったのである。都市社会学の研究から「都市計画」の問題が消えているのは、かえすがえすも残念である。

(6)国民生活論・生活構造論

奥井はドイツからの帰国後、都市論と並んで社会政策論に関する研究業績を発表する。奥井の社会政策論は生活論を含んでいた点で、当時の社会政策論とは異なっていた。

小松隆二は奥井が昭和初期の段階で、社会政策論の体系に生活問題を含めていたという点で、驚くべき先行性をもっていたと述べる（小松、一九九六、二八六）。しかしそのことが、逆にまた社会政策論の焦点をあいまいなものとすることともなっていた。奥井は一九三九年の『社会政策論』の刊行後は、もっぱら都市論に力を振り向けるようになる（奥井、一九九九f）。

奥井の社会政策論は生活論を含んでいた点で、異色の光彩を放っていた。戦後は、その社会政策論から生活論の部分が立ち上がってくるのである。それが、消費生活論、国民生活論など生活構造の研究へと展開する。かれは社会政策研究の基礎として、生活構造論の分野を切り開いたのである。

原田勝弘によれば、「生活構造」ということばを分析用語として最初に自覚的に使ったのは、永野順造である。その後、生活構造の研究は籠山京、中鉢正美へと受けつがれていくのである。他方で生活構造論のもうひとつの祖型を求めるとすれば、それは他ならぬ奥井の戦前期における生活様式（スタイル）ないし「生活体系」論に見いだすことができるという。現代大都市論に登場する郊外生活者、サラリーマンたちが都心オフィスと居住地とを往復することで繰り返されるラッシュ・アワー現象に映し出される「生活周期のリズム」をはじめとする分析は、まさに都市生活者の「生活構造論」の原点であった。かれは、生活の社会構造の視点から、その現象を見いだしていた。ここに鈴木栄太郎や磯村英一らによって戦後に展開される都市生活者の社会学的「生活構造論」の源流があった（原田、一九八五、一九九二）。都市の勤務者の生活は、職場における「勤労」と暮らしにおける「消費」という二つに分けられる。その際、通勤時間をどちらと考えるのかは、大きな問題である。それどころか、磯村英一は通勤で通過する繁華街を居住地と職場の間にある「第三空間論」として、都市の本質であるとしたのである（磯村、一九五九）。

奥井は生活研究の性格について、次のように述べている。生活はその基礎を所得と消費家計に置いている。しかし生活の研究は多くの側面にかかわるだけに、厳密な方法論が必要となってくる。したがって、生活の研究は思弁的なものよりも、実証的なものにならざるを得ない（奥井、一九六三a、一七）。奥井の生活の社会構造を分析するための［生活基盤―生活体制―生活理念］の三重図式は、未完のままに残された。しかし形をかえてさまざまな生活研究の伏流水となっている。

その後、生活構造論を展開したのは、中鉢正美、原田勝弘、寺出浩司など経済や労働に着目した研究者ばかりではなかった。生活構造論は、社会学においても多様な展開を遂げることになる。社会学では青井和夫、松原治郎、副田義也などがT・パーソンズのAGIL理論などを援用しながら、新たな視角から生活構造論の議論を展開している。また、マルクス主義の研究においても、生活構造概念を導入することで、社会学的研究としての幅をもたせようとしている。さらに、住民の生活構造の側面から都市社会の特徴を求めようとする研究も生み出されている（森岡、一九八六）。それどころか、現代社会のさまざまな問題を、消費者の生活構造の側面から解き明かそうとする研究が、進められている（橋本、一九八四、一九九四、一九九六）。生活研究は生活構造論という名称はともかく、社会学研究のひとつの焦点となっている。奥井は、はやくから生活の社会科学的分析の意義を強調していた。奥井はどんな社会問題を扱う時にも、その眼をつねに「生活」に向けていた。そしてかれは、生活の国際比較は困難だとしながらも、生活の変化を通じて発展途上国の近代化の問題を考えていたのである（奥井、一九六三a、一七）。

(7)日本の都市社会学と奥井復太郎

奥井の都市研究は、シカゴ学派の都市研究が花開いていた一九二〇年代から、一九六五（昭和四〇）年の死に至るまで続けられていた。とくに『現代大都市論』後、敗戦を挟んで実に多産な研究成果をあげた。しかもそれは、常に新しい課題を含むものであった。奥井の都市研究は、あまりにも大きなものであった。奥井の『現代大都市論』は、一九三八年に発表されたマンフォードの『都市の文化』にも匹敵する研究である。

先行研究は後発の研究者の道案内になるものである。しかしあまりにも立派な成果は、後発の研究者の足かせになりかねない。大きな研究成果ほど、後発の研究者にとって、その咀嚼はかえって大きな負担になる。その後の若い日本の都市社会学者は奥井の研究を検討するより、直接シカゴ学派の都市研究の検討に向かった。しかし日本の都市社会学者が取り上げなかったのは、奥井の都市論ばかりではない。同じアメリカの都市研究でも、シカゴの都市研究者と対立したL・マンフォードの都市研究やP・A・ソローキンなどハーヴァード大学の学者の研究がほとんど評価されることはない。だが、L・マンフォードの研究は都市研究に、一人の学者としては並ぶものがないほど大きな影響を与えている。また、シカゴ学派都市研究の理論的支柱をなした人間生態学が最終的に否定されたのは、ハーヴァード大学でソローキンに学んだW・ファイアレーの『ボストンの土地利用』に関する研究においてである（Firey: 1947）。

奥井が関心を向けたのはシカゴ学派の都市研究であった。しかしかれはイギリスやドイツの研究を常に気にかけていた。その上にアメリカの研究を追いかけていたのである。しかしその後の日本の学者は、なぜかシカゴ学派の都市研究だけに着目した。奥井ですらH・W・オーダムたちのノースカロライナ学派のリージョナリズムを検討している。しかし日本の社会学者は一部の例外を除いて、それにすら関心をよせなかった。奥井の都市研究は、後の都市社会学者にとって、必要以上に縁遠いものであった。

日本の社会科学はつねに欧米に学んできた。むしろ欧米の社会科学抜きには日本の社会科学はなりたたない。日本の社会科学のパラダイム変換は、つねに欧米の社会科学の動向と深くかかわっている。しかし都市社会学の場合、新都市社会学の登場まで、欧米にもこれといった研究はなかった。したがって、一九二〇年代から四〇年頃までのシカゴ学派の研究が断続的に繰り返し紹介されてきたのである。都市社会学についての結節機能論や生活構造論など奥井の議論も、戦後農村研究から都市研究に転じた鈴木栄太郎を通じて、問題が検討されたのである。その結果、屋上屋と重ねるような研究や屋内建築ともいえるような研究が数多く発表されることになる。

奥井は一九六〇年代の社会の急激な変化のなかで、アーバニゼーションの問題が国民生活の重要な問題となると認識していた（奥井、一九六三c、五）。日本は経済の高度成長とこれに随伴する急速な都市化を経験する。都市化は日本社会を根底から変えてしまった。この間、現実の問題は大きく変った。過剰人口の問題は、農村の伝統的な問題であった。それが都市化によって、それが一転して「過疎」の問題となった。日本に稲作が導入されて以来の課題だったコメの増産は、減反に代わっていった。その一方、都市はといえば、急激な人口増加が見られたにもかかわらず、人手不足がおおきな問題となっていった。奥井は、郊外を象徴的に、毎日、朝七時四五分の列車で出て、夕方、五時半着の電車で帰る人がいるところと語った。しかし経済の高度成長の過程を経て、このようなサラリーマンは消えてしまった。それは、たんに通勤距離が延びたというより、サラリーマンの勤務形態そのものが変ってしまったからである。また、かれが苦労して調査した百貨店の無料配達区域など、もはや商売上の秘密でもなんでもなくなっている。

人は経済の高度成長のなかで、都市へ、都市へと出ていった。都市化は日本の伝統的な生活形態を根底から切り崩していった。アーバニゼーションは日本人の生活様式を一変させた。しかも近代化にともなう都市化の胎動は、東南アジアの諸国にまで及びはじめていた。では、都市とは、人間にとって何なのだろうか。奥井はその答えを、人びとが快適な生活を営むための場であるところに認めていた。晩年の奥井は、経済の高度成長にともなう急激な都市化に揺れ動く日本人の生活を見据えながら、人びとを活発で生き生きとさせるに効果的な地域生活のあり方を模索していた。

付録

1924年　ドイツ留学前（27歳）

奥井復太郎の単行本

『国際社会政策』（一九三三）春秋社
『社会改良主義』（一九三三）春秋社
『社会政策』（一）（二）（三）（一九三九）慶應出版社
『都市経済論』（一）（二）（三）（一九三九〜一九四〇）慶應出版社
『現代大都市論』（一九四〇・一九八五復刻版刊行）有斐閣
『農業政策』（一）（二）（一九四〇）慶應出版社
『国土計画論』（一九四〇）慶應出版社
『都市の精神――生活論的視点――』（一九七五）日本都市学会編、日本放送協会出版部

奥井復太郎の約三〇〇本の論文と著作については、川合隆男・山岸健・藤田弘夫編で、一九九六年に『奥井復太郎著作集』第一巻〜第八巻にまとめられ、別巻とともに大空社より刊行されている。ちなみに内容は、次の通りである。

『奥井復太郎著作集』第一巻（社会思想論）
『奥井復太郎著作集』第二巻（社会政策論）
『奥井復太郎著作集』第三巻（都市史・都市社会学）

『奥井復太郎著作集』第四巻（都市社会調査）
『奥井復太郎著作集』第五巻（現代大都市論）
『奥井復太郎著作集』第六巻（商店街研究・国土計画・戦時都市論）
『奥井復太郎著作集』第七巻（戦後都市論・都市と文学）
『奥井復太郎著作集』第八巻（国民生活論・教育論・その他）
『奥井復太郎著作集』別巻

主要論文

【一九二〇（大正九）年】

a「ラッセル思想とウィリアム・ジェームス」（一）（二）（三）『三田学会雑誌』第一四巻 第八号〜第一〇号
b「消費経済論」『三田学会雑誌』第一四巻 第一一号

【一九二一（大正一〇）年】

a「国家機能の二大分岐」（一）（二）『三田学会雑誌』第一五巻 第五号〜第六号
b「一九世紀初期に於ける英国都市生活の一面」（一）（二）（三）『三田学会雑誌』第一五巻 第八号〜第一〇号

【一九二二（大正一一）年】

a「ジョン・ラスキンの奢侈論」（一）（二）『三田学会雑誌』第一六巻 第五号、第六号
b「人口集中現象に対する経済的説明」『三田学会雑誌』第一六巻 第七号
c「英国田園都市運動の発生」（上）（下）『三田学会雑誌』第一六巻 第一一号、第一二号

【一九二三（大正一二）年】

a 「社会思想家としてのジョン・ラスキンの生涯」（一）（二）（三）（四）（五）（六）『三田学会雑誌』第一七巻第一号〜第六号

【一九二四（大正一三）年】

a 『近世画家論』第二巻より『建築の七燈』に至る迄」（一）（二）『三田学会雑誌』第一八巻 第一号、第二号

b 『ヴェニスの石』――ラスキン伝――」（上）（中）（下）『三田学会雑誌』第一八巻 第二号〜第四号

c 「ラスキンの労働者教育」『三田学会雑誌』第一八巻 第六号

d 「ラスキンの美術批評家時代の終焉」『三田学会雑誌』第一八巻 第九号

【一九二七（昭和二）年】

a 「聚落の自然的条件について」『三田学会雑誌』第二一巻 第九号

b 「独逸都市発達史概説」（一）（二）（続一）（続二）（上）（下）『三田評論』第三六三号〜第三六七号

【一九二八（昭和三）年】

a 「社会政策と自由主義経済学説」『三田学会雑誌』第二二巻 第三号

b 「ジョン・シチュアート・ミルと社会政策」『三田評論』第三七〇号

【一九二九（昭和四）年】

a 「社会政策序論」『三田学会雑誌』第二三巻　第二号
b 「都市問題序論」『三田評論』第三七九号
c 「市民論」『三田評論』第三八〇号
d 「社会政策一論」『三田評論』第三八〇号

【一九三〇（昭和五）年】

a 『都市問題』一考察」『三田学会雑誌』第二四巻　第二号
b 「独逸社会政策理論史」『三田学会雑誌』第二四巻　第九号

【一九三一（昭和六）年】

a 『講壇社会主義』論戦」『三田学会雑誌』第二五巻　第二号
b 『社会政策学会』の成立とシュモラアの社会政策原理」『三田学会雑誌』第二五巻　第一〇号

【一九三二（昭和七）年】

a 「都市社会学の一考察」『三田学会雑誌』第二六巻　第一〇号
b 「大都市の人口学的考察」『三田学会雑誌』第二六巻　第一一号

【一九三三（昭和八）年】

a 『国際社会政策』春秋社
b 『社会改良主義』春秋社
c 「旧社会政策の没落」『三田学会雑誌』第二七巻　第三号
d 「米国都市社会学の特殊性」『都市問題』第一六巻　第四号
e 「大都市に蝟集する知識階級に就いての統計」『三田学会雑誌』第二七巻　第八号
f 「大都市に於ける知識階級の地域的研究」『三田学会雑誌』第二七巻　第一〇号
g 「世界都市大伯林の地理学的研究」『三田学会雑誌』第二七巻　第一一号
h 「田園型を排する都市計画論」『三田学会雑誌』第二七巻　第一二号

【一九三四（昭和九）年】

a 「大ロンドン北西部一帯の工業調査」『三田学会雑誌』第二八巻　第一号
b 「京浜工業地帯のの研究」『三田学会雑誌』第二八巻　第四号
c 「東京市に於ける工場規模分布の調査」『三田学会雑誌』第二八巻　第六号
d 「人口向都と大都市貧民街の生成」『社会事業』第一八巻　第六号
e 「大都市生活圏の決定について」『三田学会雑誌』第二八巻　第一〇号
f 「現代都市計画論の発展」『三田学会雑誌』第二八巻　第一二号

【一九三五（昭和一〇）年】

a 「『盛り場』に関する若干考察」『三田学会雑誌』第二九巻　第三号

b 「広告と社会」『三田広告研究』第一八号
c 「京浜工場地帯見学の記」『三田評論』第四五五号
d 「学生の日常生活に於ける『動き』の調査」『三田学会雑誌』第二九巻 第八号
e 「学生生活の思想的方面の一調査」藤林敬三との共同調査『三田学会雑誌』第二九巻 第一〇号

[一九三六(昭和一一)年]

a 「東京ビルディング街の発展に関する一調査」「『三田』に関する社会調査」『都市問題』第一一巻 第一号
b 「本塾に対する塾生の希望」(一)(二)『三田評論』第四六四号、第四六五号
c 「地域的社会調査に関する若干考察」『三田学会雑誌』第三六巻 第六号
d 「学生街の社会学的考察」『都市問題』第二三巻 第一号
e 「社会性の地理的条件」『地理と経済』第二巻 第三号
f 「都市社会構成」『三田学会雑誌』第三〇巻 第一一号

[一九三七(昭和一二)年]

a 「人口構成に現はれた地域性」『三田』『三田学会雑誌』第三一巻 第一号
b 「身分構成に現はれた地域性」『三田』『三田学会雑誌』第三一巻 第二号
c 「世帯構成に現はれた地域性」『三田』『三田学会雑誌』第三一巻 第三号
d 「有業者及び其の業態に現はれた地域性」『三田』『三田学会雑誌』第三一巻 第四号
e 「社会事業と地域社会学」『社会事業研究』第二五巻 第六号

［一九三八（昭和一三）年］

a 「商店立地と商店街の設計」『経済財政時報』第二五巻　第七号
b 「東京都制案の根本的改革を望む」『都市問題』第二七巻　第二号
c 「戦時社会政策の要諦」『経済財政時報』第二五巻　第九号
d 「都市生活論」『三田学会雑誌』第三二巻　第九号
e 「町内会組織の現代的意義」『社会事業研究』第二六巻　第九号
f 「商店街成立の過程」『経済財政時報』第二五巻　第一一号
g 「商店街の等級」『経済財政時報』第二五巻　第一二号

［一九三九（昭和一四）年］

a 「鎌倉町の現代相」『三田学会雑誌』第三三巻　第一号
b 「中央商店街」『経済財政時報』第二六巻　第一号
c 「現時農業政策の動向」『経済財政時報』第二六巻　第二号
d 「『自治制発布五十周年記念論文集』を読む」『都市問題』第二八巻　第四号
e 「商店街の今昔の現代性」『経済財政時報』第二六巻　第四号
f 『社会政策』（一）（二）（三）　慶應出版社
g 「交通・交通流・商業・商店街」『経済財政時報』第二六巻　第五号
h 「農村との関係によって見た現代大都市の性質」『都市問題』第二八巻　第六号
i 「商店街の地理的形体」『経済財政時報』第二六巻　第六号
j 「商店街研究」『経済財政時報』第二六巻　第八号
k 「商店舗の地理的配置」『経済財政時報』第二六巻　第九号

l 「商店街の意義」『経済財政時報』第二六巻 第一一号
m 「大都市の発展に伴う近郊社会の変質」『三田学会雑誌』第二六巻 第一〇号
n 「国土計画の現代的意義」『経済財政時報』第二六巻 第一一号
o 『都市経済論』(一) 慶應出版社

〔一九四〇(昭和一五)年〕

a 『都市経済論』(二)(三) 慶應出版社
b 「大都市社会の群島的構成」『道路の改良』第二二巻 第四号
c 「小売商の地域性とその改革案」『経済マガジン』第五号
d 『国土計画論』慶應出版社
e 「大都市発展の過程と其の限度」『都市問題』第三〇巻 第六号
f 「計画化と社会科学」『三田学会雑誌』第三四巻 第一〇号
g 『農業政策』(一)(二)(三) 慶應出版社
h 『現代大都市論』有斐閣
i 「国土計画の現代的性格」『文藝春秋』第一八巻 第一二号
j 「近衛内閣と国土計画」『三田評論』第五一七号
k 「本邦都市発達の傾向と都市体系の整備」『全国都市問題会議』研究報告第二号
l 「空襲下ロンドンの教訓」『三田評論』第五一八号
m 「計画化と統制」『三田学会雑誌』第三四巻 第一〇号
n 「新都市と新農村の構想」『理想』第一一四号
o 「国土計画と工業分散」『三田評論』第五一九号

【一九四一（昭和一六）年】

a「分散主義体系としての国土計画」『三田評論』第五二〇号
b「国土計画と大都市」『都市問題』第三二巻　第一号
c「英国の国土計画」『商工経済』第一一巻　第一号
d「国土と地方」『三田評論』第五二二号
e「国土と地方の問題」『三田学会雑誌』第三五巻　第三号
f「人口過剰と防空都市計画」『改造』第二三巻　第一〇号
g「国土計画の社会理論」『三田評論』第五二四号
h「計画の社会学的技術」『三田評論』第五二五号
i「本邦都市発達の近状」『三田学会雑誌』第三五巻　第七号
j「北方資源の地政治学的考察」『科学主義工業』第五巻　第九号

【一九四二（昭和一七）年】

a「最低生活の設計」『時局雑誌』二月号
b「戦時都市経済論序」『三田学会雑誌』第三六巻　第五号
c「幼少年工指導に就いての一指示」（一）（二）（三）（四）『三田評論』第五三四号、第五三五号、第五三七号、第五三八号
d「空襲の体験と国土・地方計画」『改造』第二四巻　第六号
e「国民組織と地域組織」『理想』第一三五号

【一九四三（昭和一八）年】
a 「時局指導に関する若干考察」『三田学会雑誌』第三七巻　第二号
b 「集団住宅論――地域的集団社会論」労働科学同攻会報告『労働・生活・生活科学』長門屋書房
c 「空襲を受けた帝都は？」『改造』第二五巻　第五号
d 「農工調整問題の展望」『三田学会雑誌』第三七巻　第八号
e 「地方計画の基調」『全国都市問題会議会報特別号』

【一九四四（昭和一九）年】
a 「都市疎開と国土防衛」『改造』第二六巻　第二号

【一九四六（昭和二一）年】
a 「新国土計画の目標と地方産業の方向」『日本商工経済会』（謄写版）
b 「地方主義による地方産業の編成問題」『三田学会雑誌』第三九巻　第一号
c 「都市・農村問題の現在と将来」『三田学会雑誌』第三九巻　第二号

【一九四七（昭和二二）年】
a 「大都市人口の規制」『三田学会雑誌』第四〇巻　第三号

【一九四八（昭和二三）年】

a「コミュニティーとしての都市」『三田学会雑誌』第四一巻　第七号

b「都市計画」田辺寿利編『都市と農村』国立書院

【一九四九（昭和二四）年】

a「地域振興と計画理論」『三色旗』第一〇月号

b「姥捨山――過剰人口をどうするか――」『改造』第三〇巻　第一一号

【一九五〇（昭和二五）年】

a「無権威の世相」『三色旗』第二三号

b「観光事業とは何か――観光社会学第一講――」『三色旗』第二七号

c「都市の社会的機能と行政の性格」『都市問題』第四一巻　第二号

【一九五二（昭和二七）年】

a「都市社会の特質」『都市問題』第四三巻　第四号

【一九五三（昭和二八）年】

a　「都市社会の特質」『都市問題』第四三巻　第四号

b　「明治東京の性格――都市生活史についての覚え書き――」『三田学会雑誌』第四六巻　第六号

c　「近隣社会の組織化」『都市問題』第四四巻　第一〇号

【一九五四（昭和二九）年】

a　「都市研究の一方向」『都市問題』第四五巻　第一号

b　「大都市の反省」『三色旗』第七二号

c　「都市研究の基本的課題」『都市問題』第四五巻　第五号

【一九五五（昭和三〇）年】

a　『都市社会の問題』市政講座　都市シリーズ　全国市長会

b　「復生自伝」『三色旗』第七二号

【一九五七（昭和三二）年】

a　「都市近代化の諸相」『都市問題』第四八巻　第一号

b　「復生自伝」『フォーラム』

［一九五八（昭和三三）年］

a『浜松市総合調査の方法について』日本都市学会・浜松市編『浜松市総合調査』

b「福沢諭吉全集の発刊に寄す」『三田評論』第五七八号

c「慶應義塾創立百年を迎えて」『三田評論』第五七九号

d「生活のあゆみ――生活基盤・生活体制・生活信条――」『三色旗』第一二八号

［一九五九（昭和三四）年］

a「都市研究への一回想」『都市問題研究』第一一巻　第二号

b「都市建設とヒューマニズム」『都市問題』第五〇巻　第五号

c「荷風と東京――都市社会学から見た荷風の作品」（正）（続）『三田評論』第五八四号、第五八五号

［一九六〇（昭和三五）年］

a「明治・大正・昭和の私」『三色旗』第一四六号

b「現代大都市の経済・社会的性格」『三色旗』第一五七号

［一九六一（昭和三六）年］

a「現代大都市の経済・社会的性格」（宮中御進講のための再論）『新都市』第一五巻　第四号

b「都市の生活環境」『都市問題』第五二巻　第六号

c「地域経済開発と都市の活動」『都市の経済開発』全国市長会

【一九六二（昭和三七）年】

a 「都市理論の再検討」『都市問題』第五三巻 第一号

b 『国民生活』論」『国民生活研究』第一巻 第一号

c 「ぜみなーる回顧」『ぜみなーる』第一号

【一九六三（昭和三八）年】

a 「日本人の生活態度――生活問題解明の鍵――」『国民生活研究』第二巻 第六号

b 「市民意識とその基礎条件」『都市問題』第五四巻 第七号

c 「都市化と国民生活」『国民生活研究』第二巻 第七号

d 「再論『現代大都市論』」『三田学会雑誌』第五六巻 第一〇号

e 「新しい都市形態と新しい行政構造」全国市長会・東京市政調査会

【一九六四（昭和三九）年】

a 「名古屋市における都心・副都心ならびに地区商業地に関する研究」国民生活研究所

b 『国民生活』把握のための五つのアプローチ」『国民生活研究』第三巻 第四号

c 「リージョナリズム」『三田学会雑誌』第五七巻 第七・八合併号

d 「都市と市民生活」『国民生活研究』第三巻 第八号

［一九六五（昭和四〇）年］

a 「北九州市長期総合計画（基本計画）」北九州市

b 「国民生活の向上への手がかり」『国民生活研究』第四巻　第三号

c 「都市づくりと市民」『東京都台東地区再開発基本構想に関する調査研究報告』

参考文献

青井和夫・松原治郎・副田義也編（一九七一）『生活構造の理論』有斐閣
阿久津昌三（一九九九）「文学と社会科学の間――都市文学と都市研究」川合隆男・藤田弘夫編『大都市論と生活論の祖型――奥井復太郎の研究』』慶應義塾大学出版会
有末賢（一九九九）「生活誌研究と奥井復太郎」川合・藤田編　同上書
有末賢（一九九九）『現代大都市の重層的構造』ミネルヴァ書房
有末賢（一九九九）「民衆の生活世界」藤田弘夫・吉原直樹編『都市社会学』有斐閣
磯村英一（一九五九）『都市社会学研究』有斐閣
磯村英一（一九七二）「都市学者・奥井先生」『新旧渺茫』別冊『追想』『奥井復太郎著作集』別巻　大空社
磯村英一（一九七二）『『新旧渺茫』を読む』『三田評論』第七一九号『奥井復太郎著作集』別巻
磯村英一（一九七七）「戦前の都市研究」『社会学評論』第二八巻　第二号
岩井弘融（一九六八）「都市研究の発達と現状」岩井弘融編『都市社会学』有斐閣
岩崎信彦・鵜飼幸造・浦野正樹・辻勝次・似田貝香門・野田隆・山本剛郎（一九九九）『阪神・淡路大震災の社会学』昭和堂
岩崎信彦・上田惟一・広原盛明・鯵坂学・高木正朗・吉原直樹編（一九八九）『町内会の研究』御茶の水書房
岩城完之（一九九四）『都市社会変動と生活過程』時潮社
植木豊（一九九三）「『世界都市』空間の社会的編成」吉原直樹編『都市の思想』青木書店
大久保利謙（一九九六）『日本近代史学事始め』岩波書店
近江哲男（一九八四）「都市の地域集団」（一九五八）『都市と地域社会』早稲田大学出版会

岡田真（一九八一）『都市学』『福祉学』とコミュニティ――奥井復太郎・小島栄次・大久保満彦を事例として」『駒沢大学文学部紀要』第三九号
奥井会（一九七二）『新旧渺茫』
小沢愛圀（一九六八）「発禁になった三田評論」『三田評論』第六七二号
奥田道大（一九八三）『現代コミュニティの理論』東京大学出版会
奥田道大（一九八五）『大都市の再生――都市社会学の現代的視点』有斐閣
小古間隆蔵（一九六五）「奥井博士と北九州市マスタープラン」『三田学会雑誌』第五九巻 第一・二合併号
小古間隆蔵（一九六六）「奥井教授の業績についての回想」『三田評論』第六四八号
川合隆男（一九九六）「奥井復太郎の都市社会調査」『奥井復太郎著作集』別巻 大空社
川合隆男（一九九七）「奥井復太郎の社会調査と未完の都市研究」『三田社会学』第二号
川合隆男・藤田弘夫編（一九九九）『大都市論と生活論の祖型――奥井復太郎の研究』慶應義塾大学出版会
川合隆男（一九九九）「奥井復太郎の都市社会調査」川合・藤田編 同上書
川合隆男・松尾浩一郎（一九九九）「年譜」川合・藤田編 同上書
ギデンズ、A（一九九八）藤田弘夫監訳『社会理論と現代社会学』青木書店
熊田俊郎（一九九八）「大都市論にかかれなかったこと」『三田社会学会』第三号
熊田俊郎（一九九九）「奥井都市論と都市社会学」川合・藤田編 前掲書
熊田俊郎（一九九九）「都市と全体社会」藤田・吉原編 前掲書
熊田俊郎（一九九九）「奥井復太郎『現代大都市論』」藤田・吉原編 前掲書
倉沢進（一九七七）「都市的生活様式論序説」磯村英一編『現代都市の社会学』鹿島出版会
講談社編『日録20世紀 一九二二（大正一一）年』（一九九八）講談社
古屋野正伍（一九七七）「書評 奥井復太郎著 日本都市学会編『都市の精神』」『社会学評論』第二七巻 第四号
国民生活研究所（一九六三）『国民生活研究』第三巻 第四号

国民生活センター（一九九〇）『国民生活センター二〇年史』
小松隆二（一九九六）「社会政策と奥井復太郎」『奥井復太郎著作集』別巻　大空社
小松隆二（一九九九）「奥井復太郎の社会政策論その光と影」川合・藤田編　前掲書
佐藤仁威（一九六五）「都市社会学研究と奥井復太郎の業績」『三田学会雑誌』第五九巻　第一・二合併号
佐藤仁威（一九六六）「奥井博士と都市社会学」『国民生活研究』第五巻　第三号
佐藤仁威（一九七二）「年譜　奥井復太郎」奥井会　前掲書
島崎稔・北川隆吉（一九六二）『現代日本の都市社会』三一書房
新明正道（一九五九）「わが国都市社会学の動向」『新明正道著作集』第一〇巻　誠心書房　一九八五
鈴木栄太郎（一九六九）『都市社会学原理』（一九五七）『鈴木栄太郎著作集』六　未来社　一九六九
鈴木栄太郎（一九七五）「国民社会学原理ノート」『鈴木栄太郎著作集』八　未来社　一九七五
大道安次郎（一九六五）「奥井先生と都市社会学」『三田学会雑誌』第五九巻　第一・二合併号
高橋誠一郎（一九一八）「新階級戦争論」『三田評論』第二五五号
高橋誠一郎（一九六六）「消費経済学」『国民生活研究』第五巻　第三号
高橋勇悦（一九六九）『現代都市の社会学』誠信書房
高橋勇悦（一九七四）『都市化の社会心理』川島書店
高橋勇悦（一九九三）『都市社会論の展開』学文社
田中重好（一九九八）「奥井復太郎の都市論――研究の出発点とその『交点』」『三田社会学会』第三号
田中重好（一九九九）「奥井復太郎の都市論――理論と実証と政策・計画との間――」川合・藤田編　前掲書
田野崎昭夫（一九八四）「現代社会学における都市構造論」『現代都市の理論と実証』中央大学社会科学研究所報告　第二号
玉木六郎（一九八六）「ラスキン文庫――御木本隆三と奥井復太郎」『三田評論』第八七一号
中鉢正美（一九五六）『生活構造論』好学社

中鉢正美（一九七五）『現代日本の生活体系』ミネルヴァ書房
玉野和志（一九九三）『近代日本の都市化と町内会の成立』行人社
寺出浩司（一九九四）『生活文化論への招待』弘文堂
寺出浩司（一九九七）「奥井復太郎の生活論についての覚書」『三田社会学』第二号
寺出浩司（一九九九）「奥井復太郎の生活論についての覚書」川合・藤田編 前掲書
西山夘三・吉野正治（一九七二）「都市計画学説史概説」東京市政調査会編『都市自治学説史概説』東京市政調査会
西山八重子（一九九五）「奥井復太郎」藤田弘夫・吉原直樹編『都市とモダニティ』ミネルヴァ書房
中筋直哉（一九九八）「都市社会調査法」田中宏編『社会学の視線』八千代出版
中村實（一九九九）「教育者としての奥井復太郎」川合・藤田編、前掲書
中村八朗（一九七三）「わが国における都市社会学の史的展開」倉沢進編『都市社会学』東京大学出版会
中沢誠一郎（一九七五）「序」日本都市学会編『都市の精神』日本放送協会出版部
日本都市学会編（一九六六）「日本都市学会のあゆみ」『日本都市学会年報』第一号
日本都市学会編（一九七五）『都市の精神――生活論的視点――』日本放送協会出版部
日本都市学会編（一九七八）『日本都市学会二五周年記念』地人書房
東京市政調査会編（一九二三）『ビアード博士講演集』東京市政調査会
橋本和孝（一九八四）『消費者論の視角』時潮社
橋本和孝（一九九四）『生活様式の社会理論――消費の人間化を求めて』東信堂
橋本和孝（一九九六）『ソーシャル・プランニング――市民生活の醸成を求めて』東信堂
原田勝弘（一九八五）「労働者生活研究の現在」『労働史研究』第二号
原田勝弘（一九九一）「生活構造研究の源流」『明治学院論叢』第四七五号
原田勝弘（一九九六）「複眼の都市観察者――フォークロリストの視線と社会調査」『奥井復太郎著作集』別巻

大空社
原田勝弘（一九九八）「奥井復太郎の生活研究『都市生活構造論』の原点」『三田社会学』第三号
原田勝弘（一九九九）「都市的人間像への視線――『都市生活構造』論の源流――」川合・藤田編　前掲書
日笠端（一九九七）『コミュニティの空間計画』共立出版
藤田弘夫（一九八二）『日本都市の社会的特質』時潮社
藤田弘夫（一九九〇）「日本都市の分析視角」『都市と国家――都市社会学を越えて――』ミネルヴァ書房
藤田弘夫（一九九五）「日本の都市と街並み――『計画』と『無計画』のはざまで――」笠原清志・西原和久・宮内正編『社会構造の探求』新泉社
藤田弘夫（一九九六）「社会思想から都市研究へ」『奥井復太郎著作集』別巻　大空社
藤田弘夫（一九九六）「孤高の研究としての奥井大都市論」『奥井復太郎著作集』別巻　大空社
藤田弘夫（一九九六）「戦時下の都市論と国土論」『奥井復太郎著作集』別巻　大空社
藤田弘夫（一九九七）「奥井都市論の形成と構成」『三田社会学』第二号
藤田弘夫（一九九八）「都市と町並み」歴史と方法研究会編『都市と言語』青木書店
藤田弘夫（一九九八）「奥井復太郎と都市社会学の形成」『日本都市学会年報』第四五号　名古屋市都市研究室
藤田弘夫（一九九八）「奥井都市論の形成と論理」『地域社会学会年報』第一〇号　ハーヴェスト社
藤田弘夫（一九九八）「奥井復太郎」川合隆男・竹村英樹編『日本社会学者小伝』勁草書房
藤田弘夫（一九九九）「奥井復太郎と欧米の社会科学」川合・藤田編　前掲書
フリードマン、J・（一九九七）「世界都市仮説」P・ノックス他著（藤田直晴監訳）『世界都市の論理』鹿島出版会
前田愛（一九八二）『都市空間のなかの文学』筑摩書房
町村敬志（一九九四）『「世界都市」東京の構造転換』東京大学出版会
松尾浩一郎（一九九九）「社会的実験室としての東京――奥井復太郎の都市研究とその時代」川合・藤田編　前掲書
三浦典子・森岡清志・佐々木衛編（一九八六）『生活構造』東京大学出版会

宮本憲一（一九九九）『都市政策の思想と現実――立命館大学叢書政策科学』1 有斐閣
森岡清志編（一九九九）『ガイドブック社会調査』日本評論社
矢崎武夫（一九六二）『日本都市の発展過程』弘文堂
矢崎武夫（一九六三）『日本都市の社会理論』学陽書房
矢崎武夫（一九六八）『現代大都市構造論』東洋経済新報社
矢崎武夫（一九八〇）「奥井復太郎」『慶應義塾百人』『別冊太陽』平凡社
矢崎武夫（一九九三）「奥井復太郎」『新社会学事典』有斐閣
矢澤澄子（一九七六）「『都市社会学』における地域研究の理念と方法」『都市問題』第六七巻 第四号
山岸健（一九七五）「生活論としての都市論」日本都市学会編『都市の精神』日本放送協会出版部
山岸健（一九七七）「戦前の都市研究」『社会学評論』第二八巻 第二号
山岸健（一九九三）「シカゴ学派と奥井復太郎・磯村英一」山岸健・船津衛『社会学史』北樹出版
山岸健（一九九三）「奥井復太郎先生」『別冊三色旗』慶應義塾通信教育部
山岸健（一九九六）「ジョン・ラスキンとともに」『奥井復太郎著作集』別巻 大空社
山岸健（一九九六）「奥井復太郎のパースペクティヴ」『奥井復太郎著作集』別巻 大空社
山岸健（一九九七）「生活の地平と風景『奥井復太郎の景観論』」『三田社会学』第二号
山岸健（一九九九）「アルトシュタットと永井荷風――奥井復太郎の総合的都市観と生活理解――」川合・藤田編 前掲書
横山千晶（一九九九）「奥井復太郎とジョン・ラスキン」川合・藤田編 前掲書
吉瀬雄一（一九九五）「異人空間としての都市」藤田・吉原編『都市とモダニティ』前掲書
吉原直樹（一九八九）『地域組織と戦後改革』ミネルヴァ書房
吉原直樹（一九九四）『都市空間の社会理論』東京大学出版会
吉原直樹（一九九八）「奥井復太郎における内省思考」『三田社会学会』第三号

吉原直樹（一九九九）「奥井復太郎の都市認識とモダニズム」川合・藤田編　前掲書
吉見俊哉（一九八八）「奥井復太郎」見田宗介他編『社会学事典』弘文堂
和田清美（一九九七～九）「都市生活分析の基礎視角――生活構造論の現代的検討――」『東京都立短期大学紀要』第一号～第三号
渡戸一郎（一九九五）「都市社会学」鈴木幸寿編『新版・社会学史』学文社
渡戸一郎（一九九九）「グローバリゼーションと都市社会の変動」藤田・吉原編『都市社会学』前掲書
渡辺俊一（一九九三）『「都市計画」の誕生』柏書房
渡辺万寿太郎（一九四二）「新刊批評　奥井復太郎著『現代大都市論』」『年報社会学』第八号

Firey, Walter (1947) *Land Use in Central Boston*, Harvard University Press
Sjoberg, Gideon (1959) Comparative Urban Sociology, in R. K. Merton & oth. (eds.), *Sociology Today*, Vol.2, Harper Torchbook, 1959, N.Y.
Wirth, Louis (1964) *On Cities and Social Life*, Chicago University Press

年　表

一八九七年（明治三〇）〇歳	一一月二一日　東京市下谷区車坂に生まれる 奥井家は本家を中心に各種の商いを行なう 父福吉は復太郎誕生時陶器店を営む	
一九一〇年（明治四〇）一三歳	慶應義塾普通部に入学 級友に後に財界から政界に転身し、岸内閣の外務大臣を勤めた藤山愛一郎がいた	
一九一四年（大正三）一四歳		第一次世界大戦勃発 南洋諸島、青島占領
一九一五年（大正四）一八歳	慶應義塾大学部予科入学 絵や写真に興味をもつ	
一九一七年（大正六）二〇歳	慶應義塾大学部理財科に入学 葉山にその後も住むことになる家を建てる	ロシア革命が起こる

一九一八年（大正七）二一歳	高橋誠一郎教授の論文が掲載された『三田評論』出版禁止 社会思想とくにバクーニン、クロポトキンなど無政府主義に興味をもつ	シベリア出兵 米騒動
一九二〇年（大正九）二三歳	大学部理財科を卒業 卒業論文「クロポトキンの『アナーキズム』研究 高橋誠一郎教授（後に第一次吉田内閣の文部大臣）に提出 経済学部助手に採用される 松田他野子（一九歳）と結婚 他野子は東京音楽学校を中退	この年、私立大学に大学令が適用され伝統ある理財科の名称は廃され、経済学部と改称される。
一九二二年（大正一一）二五歳	経済学部嘱託となる 経済学部長　堀江帰一に「都市経済論」と「社会改良計画」を研究するように指示される 来日したビアード博士の連続講義を聞く	ムッソリーニ首相となる　日本農業組合結成 ソヴィエト成立宣言
一九二三年（大正一二）二六歳	ラスキン研究に没頭する	関東大震災発生

一九二四年（大正一三）二七歳	義塾より海外留学を命じられる 家族とともに横浜から海路ヨーロッパへ向かう ベルリンに到着	英　マクドナルドによる初の労働党内閣
一九二五年（大正一四）二八歳	アンスバッハ街、ベントラー街に住居を構える ベルリン大学に通う 円高は終わったが、実家から仕送りを受ける	ラジオ放送開始 治安維持法・普通選挙法
一九二七年（昭和二）三〇歳	ロンドンに単身二か月間滞在 短期間ベルリンから家族を呼び寄せる フランスに立ち寄る	東京地下鉄開通
一九二八年（昭和三）三一歳	帰国　ドイツの都市研究を次々と発表 経済学部教授となる このころシカゴ学派の都市研究書を入手	張作霖爆殺事件 蒋介石国民政府の首席となる
一九二九年（昭和四）三二歳	英語経済学の講義をはじめる （昭和一三年三月まで） 「都市問題の一考察」	ニューヨークで株価暴落　世界恐慌はじまる
一九三〇年（昭和五）三三歳	都市経済論の講義をはじめる （昭和一九年三月まで）	ロンドン海軍軍縮会議

一九三一年（昭和六）三四歳		大川周明らの軍部クーデター未遂事件 満州事変勃発
一九三二年（昭和七）三五歳	独語経済学の講義をはじめる （昭和一三年三月まで）	五・一五事件 東京市は周辺町村を合併　再び人口日本一
一九三三年（昭和八）三六歳	『社会改良主義』春秋社 『国際社会政策』春秋社	国際連盟脱退 ヒトラー首相となる ニュー・ディール開始
一九三五年（昭和一〇）三八歳	学生の間で大東京共同研究会が形成される 三田社会調査を企画し、藤林敬三と共同で運営	天皇機関説問題化
一九三六年（昭和一一）三九歳	このころから、社会調査に没頭	二・二六事件
一九三九年（昭和一四）四二歳	『社会政策』慶應出版社 『都市経済論』慶應出版社	ノモンハン事件 第二次世界大戦はじまる

一九四〇年（昭和一五）四三歳	『現代大都市論』有斐閣 『国土計画論』慶應出版社 『農業政策』慶應出版社	部落会・町内会の設置通達 大政翼賛会発足皇紀二六〇〇年記念
一九四一年（昭和一六）四四歳	『現代大都市論』で経済学博士	真珠湾攻撃　対英米蘭に戦線布告
一九四三年（昭和一八）四六歳	「集団住宅論——地域的集団社会論——」	スターリングラードの戦い 大学予科、高等学校の就業年限の短縮 各三年を二年に学徒出陣
一九四四年（昭和一九）四七歳	葉山の山に畑を作る	大都市に疎開令 理工科学生も動員体制に入る　授業停止 戦局極度に悪化　各都市大規模な空襲
一九四五年（昭和二〇）四八歳	三田校舎に泊まり込む 三田校舎罹災	降伏文書調印　敗戦
一九四六年（昭和二一）四九歳	獣医畜産専門学校長代理 「都市農村問題の現在と将来」	天皇の人間宣言　農地改革

一九四七年（昭和二二）五〇歳	「大都市人口の規制」	改正民法公布 日本国憲法施行
一九四八年（昭和二三）五一歳	「コミュニティとしての都市」 「都市計画」	
一九四九年（昭和二四）五二歳	経済学部で都市問題の授業を再開	中華人民共和国成立 私立大学　財団法人から学校法人へ
一九五〇年（昭和二五）五三歳	一般教育課程の研究・視察のため渡米、途中シカゴ大学の大学院に留学していた矢崎武夫の案内で、Ｌ・ワースを訪ねる。	朝鮮戦争勃発　特需景気
一九五一年（昭和二六）五四歳	大学院経済学研究科で都市経営論を担当 大学院経社会学研究科で都市社会学を担当	サンフランシスコ平和条約（占領終了）
一九五二年（昭和二七）五五歳	大学院社会学研究科委員長	

一九五三年 (昭和二八) 五六歳	日本都市学会が結成され、会長となる。 経済学部長となる 「近隣社会の組織化」 「明治東京の性格」	
一九五六年 (昭和三一) 五九歳	慶應義塾長となる	神武景気 スターリン批判　ハンガリー動乱
一九五七年 (昭和三二) 六〇歳	慶應義塾とハーヴァード大学との提携のため再度渡米 シカゴ大学にディーンのドーナムを訪ねる。 一九五〇年に訪ねたワースは一九五二年没していた。 「都市近代化の諸相」	鍋底景気 EEC成立 人工衛星スプートニック打ち上げ
一九五八年 (昭和三三) 六一歳	慶應義塾創立百年記念式典を天皇を迎え挙行	フルシチョフ首相となる
一九五九年 (昭和三四) 六二歳	私立大学連盟文教政策審議会委員 文部省中央教育審議会委員 文化勲章選衡委員 産業研究所を開設 「都市建設とヒューマニズム」	

一九六〇年（昭和三五）六三歳	慶應義塾長を退任 経済学部教授に復帰	安保反対運動盛り上がる　新日米安保条約 アフリカで一七カ国独立 国民所得倍増計画を決定
一九六一年（昭和三六）六四歳	宮中講書初めの儀で「現代大都市の経済・社会的性格」をご進講	ソヴィエト　人間衛星ボストーク打ち上げ
一九六二年（昭和三七）六五歳	慶應義塾ビジネススクール校長となる 特殊法人　国民生活研究所（現国民生活センター）所長	キューバ危機　中ソ論争深刻化
一九六三年（昭和三八）六六歳	「再論『現代大都市論』」 「日本人の生活態度」	ケネディ大統領暗殺　朴大統領就任
一九六四年（昭和三九）六七歳	日本開発センター顧問 観光産業研究所所長 地域開発研究所を設立	トンキン湾事件　日韓条約 東京オリンピック　フルシチョフ解任
一九六五年（昭和四〇）	社会開発懇談会委員 一月一六日慶應病院にて没（享年六七歳）　洗礼名　ヨゼフ	

【マ行】

【ヤ行】

【ラ行】

【ナ行】

【ハ行】

【タ行】

事項索引

人名索引

■著者紹介
藤田弘夫（ふじた　ひろお）
1947年、神戸市に生まれる。
慶應義塾大学文学部卒、同大学大学院社会学研究科博士課程修了。社会学博士。
現在、慶應義塾大学医学部教授、同大学大学院社会学研究科委員。
東京市政調査会「藤田賞」、日本都市学会「日本都市学会賞」受賞。

著　書

『日本都市の社会学的特質』時潮社（1982）、『都市と国家——都市社会学を越えて』ミネルヴァ書房（1990）、『都市と権力——飢餓と飽食の歴史社会学』創文社（1991）、『都市の論理』中公新書（1993）、『人間は、なぜ都市を作るのか』ポプラ社（1995）。

編書・共編書

『都市：社会学と人類学からの接近』ミネルヴァ書房（1987）、『飢餓・都市・文化』柏書房（1993）、『都市とモダニティ』ミネルヴァ書房（1995）、『権力から読み解く現代人の社会学入門』有斐閣（1996）、『都市論と生活論の祖型』慶應義塾大学出版会（1999）、『都市社会学』有斐閣（1999）。

訳書・監訳書

E. ミンジオーネ『都市と社会紛争』新泉社（1985）、A. ギデンズ『社会理論と現代社会学』青木書店（1998）。

Okui Fukutaro: The Founder of Urban-Sociology and the Life-style Studies

〈シリーズ世界の社会学・日本の社会学〉
奥井復太郎——都市社会学と生活論の創始者

2000年7月15日　初　版 第1刷発行　〔検印省略〕

＊定価はカバーに表示してあります

著者 © 藤田弘夫　発行者 下田勝司　印刷・製本　中央精版印刷

東京都文京区向丘1-5-1　郵便振替 00110-6-37828
〒113-0023　TEL (03) 3818-5521㈹　FAX (03) 3818-5514
発行所 株式会社 東信堂

Published by **TOSHINDO PUBLISHING CO., LTD.**
1-5-1, Mukougaoka, Bunkyo-ku, Tokyo, 113-0023, Japan

ISBN4-88713-361-8 C3336 ¥1800E

東信堂

大学の自己変革とオートノミー―点検から創造へ	寺﨑昌男	二五〇〇円
大学教育の創造―歴史・システム・カリキュラム	寺﨑昌男	二五〇〇円
大学の授業	宇佐美寛	二五〇〇円
作文の論理―〈わかる文章〉の仕組み	宇佐美寛編著	一九〇〇円
大学院教育の研究	バートン・R・クラーク編 潮木守一監訳	五六〇〇円
高等教育システム―大学組織の比較社会学	バートン・R・クラーク 有本章訳	四四六六円
大学史をつくる―沿革史編纂必携	寺﨑・別府・中野編	五〇〇〇円
大学の誕生と変貌―ヨーロッパ大学史断章	横尾壮英	三二〇〇円
新版・大学評価とはなにか―自己点検・評価と基準認定	喜多村和之	一九四二円
大学設置・評価の研究	飯島・戸田・西原編	三〇〇〇円
大学評価の理論と実際―自己点検・評価ハンドブック	H・R・ケルズ 喜多村・舘・坂本訳	三二〇〇円
大学評価と大学創造―大学自治論の再構築に向けて	細井・林 千賀・佐藤編	二五〇〇円
大学力を創る：FDハンドブック	大学セミナー・ハウス編	二三八一円
私立大学の財務と進学者	丸山文裕	三五〇〇円
短大ファーストステージ論	高鳥正夫 舘昭編	二〇〇〇円
夜間大学院―社会人の自己再構築	新堀通也編著	三二〇〇円
現代アメリカ高等教育論	喜多村和之	三六八九円
アメリカの女性大学：危機の構造	坂本辰朗	二四〇〇円
日本の女性学教育	内海﨑貴子編	二〇〇〇円
幼稚園淘汰の研究	児玉邦二	二〇〇〇円
国際成人教育論―ユネスコ・開発・成人の学習	H・S・ボーラ 岩橋・猪飼他訳	三五〇〇円
高齢者教育論	松井・山野井・山本編	二二〇〇円

〒113-0023 東京都文京区向丘1－5－1　☎03(3818)5521　FAX 03(3818)5514／振替 00110-6-37828

※税別価格で表示してあります。